KUNI

INSIDE SEK

KUNI

INSIDE SEK

Meine Erlebnisse in der härtesten Einheit der Polizei

riva

Bibliografische Information der Deutschen Nationalbibliothek
Die Deutsche Nationalbibliothek verzeichnet diese Publikation in der Deutschen Nationalbibliografie. Detaillierte bibliografische Daten sind im Internet über https://dnb.de abrufbar.

Für Fragen und Anregungen
info@m-vg.de

Wichtiger Hinweis
Ausschließlich zum Zweck der besseren Lesbarkeit wurde auf eine genderspezifische Schreibweise sowie eine Mehrfachbezeichnung verzichtet. Alle personenbezogenen Bezeichnungen sind somit geschlechtsneutral zu verstehen.

Originalausgabe
3. Auflage 2024

Türkenstraße 89
80799 München
Tel.: 089 651285-0

Redaktion: Karoline Kuhn
Umschlaggestaltung: Karina Braun
Umschlagabbildung: In&Ex Media, Sascha Hachtkemper
Satz: ZeroSoft, Timisoara
Druck: CPI books GmbH, Leck
Printed in the EU

ISBN Print 978-3-7423-2661-4
ISBN E-Book (PDF) 978-3-7453-1843-2
ISBN E-Book (EPUB, Mobi) 978-3-7453-1864-7

Wir produzieren nachhaltig
www.m-vg.de

Für meine Familie.
Für meine Freunde.
Für meine Kameraden und Brüder.

Ich war nie der Schnellste. Ich war nie der Stärkste, der Größte oder der Beste. Ich war nur einer, dessen Körper die Strapazen durchgestanden hat.
In meiner Zeit beim Spezialeinsatzkommando durfte ich von Kameraden lernen, zu denen ich aufgesehen habe, die Vorbilder waren und es noch sind. Teilweise Kameraden aus dem eigenen Grundlehrgang. Ich war laut. Ich war bunt. Ihr habt mich trotzdem getragen. Ich habe geflucht. Ich war unsicher. Ihr seid trotzdem neben mir gelaufen. Vieles von dem, was ich noch zu lernen hatte, verstehe ich erst jetzt.
Ihr verdient diese Aufmerksamkeit. Eure Arbeit. Ihr, die Ihr jeden Tag immer noch euren Kopf hinhaltet.
Das hier ist auch und vor allem für euch.

Danke.

»Der eigene Rücken ist verwundbar, es sei denn, man hat einen Bruder.«

Inhalt

Vorbemerkung

Viele Dinge, die du in diesem Buch lesen wirst, werden dir befremdlich vorkommen. Kühl, sachlich. Das sind wir. Das bin ich. Ich wurde ausgebildet, Dinge abzuarbeiten. Professionell und zielorientiert.

Die Einsätze in diesem Buch sind nur die Einsätze, über die ich sprechen kann – wenngleich ein Buch über die anderen Einsätze weitaus spannender wäre. Dabei ist wichtig zu sagen, dass alle sensiblen Stellen in diesem Buch abgeändert wurden, um Rückschlüsse auf beteiligte oder betroffene Personen auszuschließen.

Manchmal fühlt sich die Kluft, die Entfernung zur »normalen« Bevölkerung in einem Kommando unendlich weit an. Zu fern ist die Lebensrealität, in der wir uns bewegen. Dabei arbeiten wir immer für euch. Ich hoffe, ich kann mit diesem Buch eine Brücke schlagen.

Kapitel 1

Der Mann mit der Axt I

Ein Anruf mitten in der Nacht: Eine Bedrohungslage in einem Einfamilienhaus. Mit Schusswaffe. Für mich heißt das: alles stehen und liegen lassen. Mich ins Auto setzen und mit einer Geschwindigkeit, die die StVO gerade noch so zulässt, in die Dienststelle fahren.

Ich bin Polizist. Doch nicht irgendein Polizist. Seit zwei Jahren bin ich, »Kuni«, Mitglied beim SEK in Niedersachsen. SEK steht für »Spezialeinsatzkommando«. Wir werden immer dann gerufen, wenn es brenzlig wird. So wie heute. Ein Mann soll in seinem Haus seine Frau mit einer Schusswaffe bedrohen, nachdem er erfahren hat, dass sie eine Affäre hat. Eigentlich kein Grund, dermaßen auszuticken. Aber dieser Mann sieht das scheinbar anders.

Auf der Dienststelle angekommen, machen die anderen Mitglieder des Teams und ich uns fertig. Wir legen unsere Ausrüstung an, checken unsere Waffen und bekommen von unserem Einsatzgruppenführer noch einmal ein Update mit allen bekannten Details unseres Einsatzes. Informationen sind für uns genauso wichtige Waffen wie eine Flinte, mit der wir eine Tür aufschießen, oder unsere Maschinen- und Sturmgewehre. Je mehr wir wissen, desto bessere Entscheidungen können wir treffen, während wir unseren bevorstehenden Einsatz planen.

In diesem Fall teilt uns unser Einsatzgruppenführer zwischenzeitlich mit, dass die Bedrohungslage nicht mehr akut ist. Die Frau befindet sich nicht mehr im Haus. Wir machen uns dennoch auf den Weg. Sicher ist sicher. In einer Nebenstraße warten wir rund anderthalb Stunden ab, wie sich die Lage entwickelt, und nehmen den Einsatzort genau unter die Lupe. Das Haus, in dem sich der Mann aufhält, erleichtert uns unsere Arbeit nicht gerade. Es hat beinahe bodentiefe Wohnzimmerfenster, an denen wir vorbeimüssen. Unmöglich, unbemerkt vorbei zu gelangen, wenn jemand im Wohnzimmer sitzt. In den Wänden am Eingangsbereich des Hauses sind zudem Glasbausteine verbaut, die unsere Annäherung an die Tür schonungslos verraten können.

Plötzlich fährt ein Taxi vor dem Haus vor.

Und unsere Einsatzlage ist von einem Moment auf den nächsten eine komplett andere. Will unser Zielobjekt fliehen? Müssen wir sofort einen Zugriff einleiten? Wie sollen wir mit der Zivilperson im Taxi umgehen, die plötzlich im Spiel ist? Frage um Frage und Möglichkeit um Möglichkeit rattern durch den Kopf unseres Einsatzgruppenführers.

Wir warten ab.

Der Taxifahrer steigt aus seinem Fahrzeug und nähert sich dem Haus unserer Zielperson. In der Hand trägt der Fahrer einen Pizzakarton und eine Tüte. Er klingelt, die Zielperson öffnet und nimmt Pizza und Tüte entgegen. Der Fahrer steigt wieder in sein Taxi und fährt weg. Wenige Minuten später erfahren wir von unserem Observierungsteam, dass sich in der Tüte mehrere Flaschen Bier befinden. Die Zielperson leert eine Flasche nach der anderen. Wird der Alkohol die Hemmschwelle des Mannes herabsenken? Oder wird er ihn betäuben?

Wir warten weiter ab.

Etwa eine Stunde später wiederholt sich das Schauspiel: Wieder fährt ein Taxi vor. Wieder bringt ein Fahrer Pizza und Bier. Als die Lichter schließlich ausgehen und sich für eine halbe Stunde nichts mehr im Haus zu rühren scheint, entscheidet unser Einsatzgruppenführer, dass wir reingehen.

Das Haus ist wie gesagt etwas knifflig. Da sind nicht nur die Fenster und die Glasbausteine, wir müssen auch noch durch zwei Türen, um hineinzugelangen, denn der Eingangsbereich hat einen Windfang mit einem längeren Flur, wie er bei älteren Häusern üblich ist.

Scheinbar unbemerkt nähern wir uns der ersten Tür und gehen in Position. Jeder von uns weiß genau, was er zu tun hat und wie und wohin er sich bewegen muss. Von jetzt an muss alles schnell gehen. Denn gleich wird es laut werden: Mit einer Flinte werden wir die erste Tür aufschießen. So, wie wir es hunderte Male geübt haben. Wir werden wenige Sekunden später die zweite Tür mit der Spreizung öffnen und in das Haus hineingehen, wobei jeder von uns weiß, welchen Bereich im Raum und welches Kommandomitglied er sichern muss. So wie wir es hunderte Male durchgespielt haben.

Das Problem ist nur: Egal, wieviel wir üben, egal, wieviel Routine wir haben- es kommt immer anders als gedacht.

Als das Zeichen kommt, loszulegen, ertönt der Schuss, der das Schloss der ersten Tür in seine Einzelteile zerlegt. Problemlos gelangen wir in den Eingangsbereich des Hauses. Wenige Meter vor uns sehen wir die zweite Tür und bewegen uns rasch auf sie zu. Vor mir befinden sich unser Öffner, der Point Man, also derjenige, der im Idealfall gleich beim Erstkontakt die Zielperson überwältigt, und direkt hinter ihm die Nr. 3. Ich laufe an

Nr. 4. Wir haben gerade die zweite Tür erreicht, als diese plötzlich aufgerissen wird. Vor uns steht, nur einen Meter entfernt, unsere Zielperson. Und hat eine Axt in der Hand. Eine große.

Ich sehe weder, was der Mann anhat, noch, ob er bei Sinnen oder betrunken ist. Alles, was ich wahrnehme, ist, dass er diese riesige Axt in den Händen hat, mit der er gerade ausholen und auf den Mann einschlagen will, für dessen Sicherung ich zuständig bin. Ich habe den Finger am Abzug meiner Waffe.

Was soll ich tun?

Monatelang bin ich beim SEK für genau solche Situationen ausgebildet worden. Ich habe mich durch ein Auswahlverfahren gequält, das für manchen Mitbewerber mit Knochenbrüchen endete. Ich musste mir die Seele aus dem Leib rennen, Gewichte stemmen und meine koordinativen Fähigkeiten verbessern. Ich habe gelernt, wie ich mich von Gebäuden abseile und in unterschiedlichen Gebäudetypen taktisch bewege. Ich habe mich in die Rollen- und Aufgabenverteilung in meinem Kommando, wie unser SEK-Team genannt wird, eingearbeitet. Ich habe das Schießen trainiert. Immer wieder musste ich in meiner Ausbildung an meine körperlichen und geistigen Grenzen gehen. Und hier und jetzt, als ich dem Mann mit der Axt gegenüberstehe, wird sich zeigen, wie gut meine Ausbildung war. Werde ich die richtige Entscheidung treffen?

Ich habe noch eine Zehntelsekunde Zeit.

Kapitel 2

Inside »Kuni« – Wie ich bei der härtesten Einheit der Landespolizei gelandet bin

Wer beim SEK bestehen will, muss überdurchschnittliche Fähigkeiten mitbringen. Wir werden oft als »Elite-Polizisten« bezeichnet. Ich persönlich kann mit diesem Begriff nichts anfangen. Fakt ist, wir sind diejenigen, die - wenn es darauf ankommt - Außergewöhnliches leisten müssen.

Bereits als Kind habe ich festgestellt, dass ich eine spezielle Begabung habe: Eine Zehntelsekunde scheint in meinem Kopf sehr viel langsamer zu vergehen als bei anderen Menschen. Ich gewann diese Erkenntnis auf dem Fußballplatz.

Als kleiner Junge dachte ich nicht im Traum daran, Polizist zu werden. Für mich stand fest: Ich werde Fußballprofi. Ich weiß, dass sich das viele Jungen wünschen und ich weiß auch, dass dieser Wunschtraum früher oder später platzt wie eine Seifenblase. Genau wie bei mir. Dabei war ich richtig nah dran.

Ich war schon immer ein Bewegungstalent. Ich konnte sehr früh laufen. Mit zwei Jahren bin ich schon Fahrrad gefahren. Ich habe sehr früh das Schwimmabzeichen in Gold gemacht. Ich bin gern geklettert. Und sobald ein Ball ins Spiel kam, gab es für meinen Bewegungsdrang sowieso kein Halten mehr. Wann immer es darum ging, sich körperlich zu beweisen, war ich anderen in meiner Altersgruppe weit voraus. Ja, hört sich abgehoben an. Aber so war es eben.

Im Fußballverein habe ich als 13-Jähriger mit und gegen 16- und 17-Jährige gespielt. Obwohl ich noch in der C-Jugend war, durfte ich bereits in der A-Jugend mitmachen. Dabei war ich körperlich nicht besonders weit entwickelt. Im Gegenteil, ich war relativ klein und auch nicht der Schnellste. Meine Geheimwaffe war jedoch das Antizipieren von Situationen. Ich wusste auf dem Fußballfeld immer genau, was als Nächstes passieren wird oder was geschehen müsste, um eine gefährliche Situation zu kreieren. Und so war ich vielleicht nicht der Schnellste. Aber da eine Zehntelsekunde in meinem Kopf wie gesagt scheinbar langsamer ablief als bei anderen, hatte ich die Situation meist schon längst analysiert und lief immer einen Augenblick früher als meine größer gewachsenen Mitspieler in die richtige Richtung. Und war eben auch eher als sie am Ball.

Wenn man etwas besser kann als andere, schlagen einem nicht nur Bewunderung und Applaus entgegen. Im Gegenteil, ich merkte auf dem Feld schnell, dass meine Gegenspieler mit mir ruppiger zur Sache gingen und zu unfairen Mitteln im Zweikampf griffen, sobald sie realisiert hatten, dass ich ihnen fußballerisch überlegen war.

Ich hasse Ungerechtigkeit. Bereits in der Schule hatte ich ein ausgeprägtes Gefühl für Fairness. Ethik war folgerichtig eines meiner Lieblingsfächer. Ich diskutierte leidenschaftlich und intensiv darüber, was richtig und falsch ist oder wie Demokratie und Gesellschaft funktionieren. Oder eben auch nicht. Ich war auch eine Zeitlang Klassen- und Schulsprecher, weil ich mich so für die Anliegen meiner Mitschülerinnen und Mitschüler einsetzen konnte.

Gleichzeitig war ich ein Rebell. Es fiel mir schwer, mich an Regeln zu halten, von deren Sinnhaftigkeit ich nicht überzeugt war. Hausaufgaben zum Beispiel. Wir verbrachten so viel Zeit in der Schule. Warum sollte ich meine kostbare Zeit danach immer noch mit Lernen verbringen? In dieser Zeit gab es doch so viel Besseres zu tun. Fußball spielen zum Beispiel. Hausaufgaben? Nicht mit mir. Irgendwie kam ich ja trotzdem immer auf meine benötigten Noten. Es gab Lehrer, die sich mit meiner Einstellung arrangierten. Und es gab Lehrer, mit denen ich regelmäßig aneinandergeriet. Ich erzähle das, um klarzumachen, dass ich kein Law-and-Order-Typ bin. Ich bin keiner, der hirn- und bedingungslos Befehle befolgt. Ich hinterfrage Autorität. Ständig. Ich will überzeugt werden. Bin ich das nicht, habe ich ein Problem. Und die Autorität, mit der ich mich dann anlege, hat auch eines. Nämlich mich. Ob es nun Lehrer, Fußballtrainer oder später meine Ausbilder und Einsatzleiter beim SEK waren. Doch soweit sind wir ja noch nicht.

Noch träumte ich meinen Traum von der Karriere als Fußballprofi.

Mit 14 hatte ich meine erste schwere Verletzung. Ein Anriss der Stützmuskulatur im Oberschenkel. Mit 17 – kurz vor dem Sprung in den bezahlten Fußball – folgte die nächste: In einem Zweikampf wurde ich von einem Gegenspieler weggeflext und verdrehte mir das Knie. Bei der Untersuchung wurde ein Knorpelschaden diagnostiziert, der – laut Meinung der Ärzte – einer Fußballkarriere nicht gerade zuträglich war. Zu der Zeit war ich bereits auf der Polizeischule in Hannover, um meine Fachhochschulreife zu machen und merkte, dass es mir immer schwerer fiel, die Ausbildung dort mit meinem Trainingspensum unter einen Hut zu bringen. Ich spielte in der Jugendregionalliga und in der Niedersachsenliga. Wenn du da nicht vier- oder fünfmal in der Woche beim Training aufkreuzt, spielst du am Wochenende nicht. Als ich 18 war, wurde ich zudem bei der Polizei für die eine oder andere Nachtschicht im Streifendienst eingeteilt. Bald war klar: Ich musste eine Entscheidung treffen. Schweren Herzens nahm ich für den Moment Abschied vom Fußball.

Nach dem Gespräch mit meinem Trainer bei Arminia Hannover fuhr ich mit der Bahn nach Hause und heulte auf dem ganzen Weg. Ich hatte gerade meinen Kindheitstraum beerdigt. Mehr als 13 Jahre lang hatte ich im Grunde nur für den Fußball gelebt. Angetrieben von der Vorstellung, eines Tages mit den besten Fußballern der Welt zu spielen.

Nachdem ich die Traurigkeit darüber aus mir herausgeheult hatte, dauerte es nicht lange, bis ich ein neues Ziel hatte: Wenn ich schon nicht mit den besten Fußballern der Welt auf dem Rasen stehen würde, dann aber wenigstens mit den besten Polizisten. Und ich wollte nicht irgendein Polizist werden, sondern ein SEK-Beamter. Wohl wissend, dass mich der Weg dorthin körperlich noch einmal ganz anders fordern würde als meine Fußballkarriere. Dieser Drang, zu den Besten zu gehören, ist etwas, das anscheinend einfach in mir drinsteckt.

Was ebenfalls in mir steckt, ist der Wunsch, mit anderen verbunden zu sein. Ich bin ein Teamplayer. In meinem Kopf gab es schon immer die Vorstellung, gemeinsam mit anderen über sich selbst hinauszuwachsen und Extremsituationen zu meistern. So hatte ich es in Filmen wie *Black Hawk Down* oder Serien wie *Band Of Brothers – Wir waren Brüder* gesehen. So hatte es mir mein Vater vorgelebt, als er sich nach einem schweren Unfall, bei dem eines seiner Beine zerschmettert wurde, wieder zurück ins Leben kämpfte. Ich erinnere mich zum Beispiel an eine Szene in unserem Garten. Mein Vater hatte einen Teich angelegt und die Filteranlagen mussten repariert werden. Da er aufgrund seiner Verletzung nur schlecht an die Filter kam, hatte er mich gebeten, ihm zu helfen. Es regnete. Und es war kalt. Ich war damals 13 Jahre alt und verweigerte in meinem pubertären Trotz die Mitarbeit.

Wenig später sah ich durchs Fenster, wie mein Vater auf einem Bein herumbalancierte und sich so lange an den Filtern abquälte, bis sie wieder funktionierten. Ich fühlte mich schlecht, und gleichzeitig wusste ich, dass mein Vater das Richtige getan hatte: Er hatte nicht gejammert. Er hatte keine Ausreden gesucht. Er hatte einfach getan, was nötig war. So wollte ich auch sein.

Kapitel 3

Inside SEK – Die Geschichte der Spezialeinheit

Ob im Bus, im Kino, in der Schule oder auf dem Campingplatz: Der Terror kann jeden treffen. An jedem Ort. Jederzeit.

2003 in einer deutschen Großstadt. Zehn Menschen sitzen oder stehen am helllichten Tag in einem Linienbus. Kurz vor der Abfahrt springt ein Mann in den Bus. Was die Fahrgäste nicht wissen: Es handelt sich um einen Bankräuber auf der Flucht. Ihm folgen wenige Augenblicke später eine Streifenpolizistin und ein Streifenpolizist. Ehe die Menschen im Bus überhaupt mitbekommen, was da gerade passiert, hat der Bankräuber die Polizistin überwältigt, ihr ihre Waffe entwendet und ihren Kollegen gezwungen, den Bus zu verlassen. Als die Türen des Busses zugehen, sind der Fahrer, die zehn Fahrgäste und die Polizistin Geiseln des bewaffneten Bankräubers.

Erst Stunden später kann ein SEK-Beamter den Täter durch zwei gezielte Schüsse in die Schulter überwältigen. Seine Kollegen stürmen den Bus. Keine der Geiseln kommt zu Schaden.

2014 dringt ein bewaffneter Täter in einer Kleinstadt in ein Multiplex-Kino ein. Die Polizei riegelt das Gelände ab. Beamten des SEK gelingt es, unbemerkt in das Kino zu gelangen. Der Täter wird erschossen. Wie viele Geiseln in der Gewalt des Täters waren oder wie genau der finale Rettungsschuss erfolgte, erfährt die Öffentlichkeit nicht. Wir vom SEK halten uns gern bedeckt, was unser taktisches Vorgehen angeht. Potenzielle Täter sollen nicht wissen, was ihnen blüht, wenn wir vor Ort sind.

Auf einem Campingplatz in einer süddeutschen Großstadt geraten 2020 zwei Dauercamper in einen Streit. Es kommt zu einer Messerstecherei, bei der einer der Beteiligten verletzt wird. Der Täter verschanzt sich daraufhin in seinem Wohnwagen. Als er der Aufforderung, sich zu stellen nicht nachkommt, brechen SEK-Beamte die Tür des Campingfahrzeugs mit einer Pumpgun auf und stellen den Täter.

Es gibt ein geflügeltes Sprichwort, das besagt: »Wenn der Bürger nicht mehr weiterweiß, ruft er die Polizei.« Wenn die Polizei nicht mehr weiterweiß, ruft sie das SEK. Wir sind zur Stelle bei Geiselnahmen, Bedrohungslagen mit Schusswaffen, Razzien, Amokläufen oder Suizidversuchen. Und wenn ein Schwerkrimineller durch die Stadt transportiert werden muss – zum Beispiel, um dem Haftrichter vorgeführt zu werden –, begleitet ihn das SEK. Nur falls jemand auf den Gedanken kommen sollte, auf dem Weg ins Gericht eine spektakuläre Befreiungsaktion zu versuchen, wie man sie aus Filmen kennt.

Dass es eine Einheit wie das SEK überhaupt gibt, hat viel mit den Olympischen Spielen 1972 in München und dem Attentat auf die israelische Olympiamannschaft zu tun. Dabei töteten acht Mitglieder der Terrororganisation *Schwarzer September* im Olympiadorf zunächst zwei israelische Sportler und nahmen weitere neun israelische Teammitglieder als Geiseln. Der Befreiungsversuch der Polizei auf einem nahegelegenen Flughafen am Tag darauf misslang vollkommen. Fünf der acht Terroristen, alle neun Geiseln sowie ein Polizist kamen ums Leben. Ein Desaster.

Die Aufarbeitung des Falls führte schließlich zur Gründung der GSG 9, der Spezialeinheit der Bundespolizei. Wie nötig die Gründung dieser Einheit war, zeigte sich 1977, als die GSG 9 bei der Entführung einer Lufthansa-Passagiermaschine ihre erste große Bewährungsprobe bestand und alle zum Zugriffszeitpunkt noch lebenden Geiseln retten konnte. Auch auf Landesebene gelangte man damals zur Überzeugung, dass es unverantwortlich sei, von Streifenpolizisten eine erfolgreiche Bekämpfung von Terrorangriffen oder anderen gefährlichen Einsatzlagen zu erwarten. Dafür braucht es speziell ausgebildete Polizisten mit besonderen Fähigkeiten. In der Folge wurden in jedem Bundesland die sogenannten Spezialeinsatzkommandos - abgekürzt SEK - gegründet.

Natürlich ist die Welt seit den 1970er-Jahren nicht stehen geblieben. Terroristen haben sich Zugriff auf bessere Waffen verschafft. Banden und Clans, die das organisierte Verbrechen in Deutschland kontrollieren, haben ebenfalls aufgerüstet. Und zu den illegalen Waffen kommen noch einmal 5 Millionen legale Schusswaffen hinzu. Sie gehören Sportschützen, Jägern, Förstern. Oder als Sportschützen oder Jäger getarnten Waffennarren.

Ich möchte nicht wissen, wie viele dieser 5 Millionen Schusswaffen nicht wie vorgeschrieben in einem Tresor liegen, sondern für Familienmitglieder und Freunde frei zugänglich sind. Bei einem Amoklauf an einer Schule und in einem Autohaus im Rems-Murr-Kreis im Jahr 2009 tötete ein 17-Jähriger 15 Menschen und dann sich selbst. Die Tat war unter anderem möglich gewesen, weil der Vater des Täters seine Waffen - er besaß insgesamt 15 - im Schlafzimmer aufbewahrt hatte.

So, wie sich Bedrohungslagen in den letzten Jahrzehnten verändert und verschärft haben, hat sich auch die Struktur der Spezialeinheiten der Polizei den neuen Bedingungen und Herausforderungen angepasst. Längst arbeitet das SEK mit anderen Spezialeinheiten zusammen, die uns im Einsatz mit ihrer Expertise unterstützen. Jedes Bundesland hat seine eigene Struktur und Zusammenarbeit eingerichtet. Die MEKs, die Mobilen Einsatzkommandos, können uns zum Beispiel bei Observierungen und schnellen Lageeinschätzungen helfen. Das MEK ist nicht zu verwechseln mit der mobilen Einsatzgruppe des SEK. Diese ist darauf spezialisiert, Menschen im Straßenverkehr festzunehmen. Die Kollegen dort sind zum Beispiel darauf spezialisiert, Fahrzeuge auszubremsen und Zugriffe im Straßenverkehr zu gestalten. Die Kollegen von der mobilen Einsatzgruppe wissen zum Beispiel ganz genau, wie man am besten aus einem Auto aussteigt und sich auf einen Täter zubewegt, den man in seinem Fahrzeug gestellt hat. Auch hier gibt es Details und Feinheiten, die über Leben und Tod entscheiden können. Die Technische Einsatzgruppe TEG kommt ins Spiel, wenn Zielpersonen geortet werden müssen. Oder wenn es gilt, besonders schwere Hindernisse aus dem Weg zu schaffen oder Beweismittel zu sichern und zu transportieren. Und die Verhandlungsgruppen sind bestens darin geschult, bei Geiselnahmen den Kontakt mit dem oder den Tätern aufzubauen und mit ihnen zu sprechen.

Die Arbeit des SEK wird von der Öffentlichkeit meist nur bei den großen, spektakulären Fällen wie Geiselnahmen an öffentlichen Orten oder bei schwerwiegenden Amokläufen wahrgenommen. Wie gesagt, wir halten uns gerne bedeckt, was unser taktisches Vorgehen angeht. Doch der mögliche – und aus

Sicht eines Normalbürgers nachvollziehbare - Eindruck, dass wir nur ein-, zweimal im Jahr gebraucht werden, geht vollkommen an der Realität vorbei. Wer beim SEK anfängt, muss sich darauf einstellen, mehrmals in der Woche zu Einsätzen gerufen zu werden. Es ist ein Knochenjob, der höchste Konzentration und Klarheit im Kopf erfordert. Denn wenn die Polizei nicht mehr weiterweiß und das SEK zu Hilfe ruft, kannst du sicher sein, dass es um Leben und Tod geht. Um das Leben von anderen, aber immer auch um dein eigenes. Kein Wunder, dass das Auswahlverfahren des SEK eines der härtesten ist, um sicherzustellen, dass in diesen speziellen Einsatzlagen wirklich nur die Besten am Start sind.

Kapitel 4

Der Mann mit der Axt II

Wenn ein Mann mit einer Axt vor dir steht und ausholt, und du hältst in diesem Moment eine geladene Waffe in der Hand, ist es dein natürlicher Impuls, abzudrücken. Eine nachvollziehbare, eine menschliche Entscheidung. Wenn es um Leben und Tod geht, wählen die meisten von uns das Leben. Ein SEK-Beamter wird das auch tun. Nur sollte er sich nicht nur für das eigene Leben entscheiden. Da sind schließlich auch noch die Mitglieder seiner Einsatzgruppe. Und die Zugriffsperson. Sie alle sollen am Ende überleben. Das ist das Ziel eines jeden unserer Einsätze.

Ich bin mir bewusst, dass der Ruf des SEK nicht immer der Beste ist. Ich selbst bin immer wieder mit dem Bild vom schießwütigen, kampfgeilen Soldaten mit rechter Gesinnung konfrontiert worden. Manchmal kam ich mir vor ein Schmuddelkind, mit dem niemand etwas zu tun haben möchte. Aber wenn es hart auf hart kommt, sind viele dann doch froh, dass es Leute wie mich gibt. Leute, die einen Nagel im Kopf zu haben scheinen, wie mir oft gesagt wurde. Die offensichtlich nicht richtig ticken. Wieso sollte man sonst auf die Idee kommen, ständig sein Leben zu riskieren? Sich absichtlich in Gefahr zu bringen. Das macht man doch als normaler Mensch nicht. Als SEK-Beamter ist es dein täglich Brot.

Das schlechte Image, das die Einheit hat, rührt auch daher, dass es in der Vergangenheit zu viele Skandale gegeben hat. Bei denen zum Beispiel rechtsextreme Äußerungen von SEK-Beamten in Chats nicht wirklich oder nur halbherzig aufgearbeitet wurde. Nur ist bisher noch kein Problem dadurch verschwunden, dass niemand darüber redet oder es anpackt. Zum Glück scheint sich das in letzter Zeit zumindest ein wenig zu ändern. 2021 wurde zum Beispiel das Frankfurter SEK aufgelöst, um einen Neustart ohne rechtsextreme Polizisten zu ermöglichen. Ich finde es schade, dass dieses Bild vom SEK existiert. Denn es entspricht nicht dem Geist, in dem zumindest ich in Hannover ausgebildet wurde.

Als der Mann mit der Axt vor mir steht und ausholt, hätte ich auf ihn schießen können. Der »Gebrauch der Schusswaffe«, wie es im Beamtendeutsch so schön verharmlosend heißt, wäre in einer solchen Situation vollkommen gerechtfertigt. Doch zum Glück ist mir in den Monaten zuvor der natürliche Impuls zu schießen abtrainiert worden. Und zum Glück dauert in meinem Kopf eine Zehntelsekunde bekanntlich länger als bei anderen. Und ich bin in der Lage, Situationen schneller zu erfassen als andere.

So, wie ich früher beim Fußball schon wusste, wo ich hinlaufen muss, um den Ball, der noch gar nicht gespielt worden ist, vor meinem Gegenspieler zu erreichen, weiß ich in der Zehntelsekunde, in der der Mann mit der Axt ausholt, dass ich meinen Finger am Abzug noch nicht bewegen muss. Denn ich sehe, wie neben der Axt eine Hand auftaucht. Sie gehört zu unserem Point Man, der unserer Zugriffsperson einen halben Schritt entgegen gegangen ist. Es ist seine linke Hand. Ich weiß das, weil er in der anderen Hand seine Waffe hält. Während seine Hand zum Arm des Angreifers geht und den Axtschwung blockiert, setzt der Point Man gleichzeitig zu einem Tackle an. Ich verfolge den Sturz der beiden Körper. Die Bewegung der Axt. Ich behalte die Waffe meines Point Man im Auge. Eine Axt ist gefährlich. Sollte die Zugriffsperson eine unserer Waffen in die Hand bekommen, ist das ungleich gefährlicher. Ich sehe, wie unser Point Man es schafft, seine Waffe im Fallen wegzustecken. Mit seiner Linken kontrolliert er noch immer den Arm mit der Axt. Ein zweiter Kollege wirft sich auf die beiden. Er hilft, Arme und Beine der Zugriffsperson zu fixieren. Ein Dritter von uns sichert die Axt.

Wir haben ihn.

Bei der Nachbesprechung des Einsatzes rekapitulieren wir, wie knapp es war. Nicht auszudenken, was hätte passieren können, wenn beispielsweise in das Tackling hinein ein Schuss gefallen wäre. Zu diesem Zeitpunkt waren immerhin drei Waffen auf die Zielperson gerichtet. In der Besprechung tauchen daher auch kritische Fragen auf: War der Zugriffszeitpunkt der Richtige? War unser Vorgehen beim Zugriff korrekt? Hätten wir es besser machen können, um uns gar nicht erst in eine so gefährliche Situation zu bringen?

Nicht immer führen diese Besprechungen zu einer klaren Erkenntnis. Aber sie schärfen unser Bewusstsein. Sie erinnern uns daran, was wir monatelang gelernt haben. Und worauf wir monatelang hintrainiert haben. Maximale körperliche Höchstleistungen zu vollbringen bei gleichzeitiger maximaler Impulskontrolle. Und vor allem: Unter allen Umständen miteinander als Team zu funktionieren. Bei jedem Einsatz vertrauen wir einander unser Leben an. Und im Fall des Mannes mit der Axt ist alles gutgegangen.

Kapitel 5

Wie viel SEK steckt in dir? – Die Aufnahmeprüfung

Ledig. Verheiratet. Gerade Vater geworden. Patchwork-Familie mit Kind. Die familiären Hintergründe der Leute in meinem Kommando klangen so gar nicht nach harter Spezialeinheit ... Und dennoch war jeder Einzelne aus meiner Einsatzgruppe in der Lage, Außergewöhnliches zu leisten. Nicht nur körperlich, sondern auch geistig. Sie alle waren wie ich durch ein knallhartes Auswahlverfahren gegangen. Ihre körperlichen Fähigkeiten waren ebenso auf Herz und Nieren getestet worden wie ihre psychische Eignung. In Gefahrensituationen braucht es Menschen, die klar im Kopf sind, die absolut stabil sind. Keine Heißsporne oder Leute, die geil darauf sind, mit einer Waffe herumzuballern.

Nachdem ich mich gegen den Fußball und für die Polizei entschieden hatte, war für mich klar, dass ich zum SEK will. Das wollen viele Polizisten. Aber die Wenigsten schaffen es. Während meiner Zeit an der Polizeiakademie habe ich hunderte Studenten über das SEK reden hören. Immer hieß es, wie sehr es sie reizen würde, den Test zu machen. Und dass sie herausfinden wollten, ob sie das Zeug dazu hatten. Aber Reden und Tun sind bei vielen Menschen zwei grundverschiedene Dinge. Als endlich wieder ein Einstellungstest fürs SEK ausgeschrieben worden war, meldeten sich von den über 3000 Polizeistudenten gerade mal drei dafür an. Ich war einer von ihnen. All die anderen hatte offensichtlich der Mut verlassen.

War ich darüber verwundert? Nicht wirklich. Zu tief sitzt bei den meisten die Angst, als Versager dazustehen. Den Aufnahmetest fürs SEK machst du nicht heimlich. Jeder bei deiner Polizeieinheit weiß davon. Und wenn du es nicht schaffst, was aufgrund der Anforderungen nicht gerade unwahrscheinlich ist, dann kehrst du danach in deine Einheit zurück. Und dort weiß dann jeder, dass du es nicht gepackt hast. Dass du »versagt« hast. Aber hast du das wirklich?

Ich habe nie verstanden, warum die Bewerber fürs SEK nicht viel häufiger für ihren Mut gefeiert werden, es wenigstens probiert zu haben. Selbst wenn sie es nicht packen. Stattdessen bekommen sie von ihren Kollegen Sprüche reingedrückt. Von wegen: »Du hast wohl wirklich geglaubt, du wärst was Besseres? Willkommen auf dem Boden der Tatsachen. Dort, wo du hingehörst. Im Mittelmaß.«

Ich kann mich erinnern, wie ich direkt an meinem ersten Tag bei der Polizei zu meinen Kolleginnen und Kollegen gesagt habe, dass ich eines Tages ins »Kommando« will. So wird die Einheit des SEK auch genannt. Ich wurde ausgelacht. Nicht jeder hält das aus. Ich schon. Mich spornt es im Gegenteil sogar an, wenn andere mir sagen: »Das schaffst du eh nicht.« Dass mir später während meines SEK-Grundlehrgangs genau derselbe Gedanke mehr als einmal durch den Kopf ging … geschenkt.

Als 2017 also tatsächlich der neue Lehrgang ausgeschrieben wurde und man sich erstmals auch aus dem letzten Studienjahr heraus bewerben konnte, ließ ich mir diese Chance nicht entgehen.

Dazu muss man vielleicht noch wissen, dass es für die Ausschreibungen zum SEK keinen regelmäßigen Turnus gibt. Der Lehrgang wurde zu meiner Zeit nicht jedes Jahr veranstaltet. Es kam vor, dass ein oder zwei Jahre ohne Ausschreibung vergingen. Da zwischen Ankündigung und Test gerade mal drei Monate liegen, musst du bereit sein. Das bedeutet, ein oder zwei Jahre lang ins Blaue zu trainieren, ohne zu wissen, ob es sich auszahlen wird. Ich mag dieses Prinzip. Weil du so an Bewerber kommst, die wirklich ins SEK wollen.

Mir persönlich war es egal, ob ich den Einstellungstest bestehen würde oder nicht. Ich hatte mich seit über anderthalb Jahren intensiv auf diese Möglichkeit vorbereitet. Dabei hatte ich im Gym nicht einfach nur Krafttraining gemacht, sondern mich auch mit *Functional Training* und *CrossFit* in die bestmögliche körperliche Verfassung gebracht. Doch nicht nur das. Außerdem hatte ich bei den Kollegen von der Aus- und Fortbildung des SEK angerufen und gefragt, ob ich vorbeikommen dürfe, um mit ihnen über das Kommando und die Anforderungen dort zu sprechen. Sie sagten zu. Zwei Stunden lang unterhielt ich mich mit zwei Ausbildern darüber, worauf es beim Einstellungstest, aber auch später beim SEK ankam. Ich wusste daher theoretisch, was beim Test auf mich zukommen würde. Praktisch hatte ich versucht, den Tag des Tests mehr als einmal zu simulieren. Ich hatte mich von meinen Trainern im Gym richtig knechten lassen. So, wie ich es von den SEK-Ausbildern erwartete. Doch es kommt bekanntlich immer anders, als man denkt.

Fünf oder sechs Tage vor dem Einstellungstest absolvierte ich mein letztes Training, in dem ich nochmal richtig an meine Grenze gehen wollte. In den Tagen danach wollte ich dann maximal noch ein paar Erholungsläufe machen und in den Deload kommen. Soweit der Plan. Als ich jedoch Burpees kombiniert mit Kastensprüngen machte, knallte es auf einmal in meiner Leiste. Ich klappte zusammen und konnte nur noch unter Schmerzen gehen. Eine Leistenzerrung. Was für ein Mist! Zunächst blieb ich ruhig und setzte darauf, dass sich die Zerrung von allein wieder geben würde. Tat sie natürlich nicht. Also fuhr ich zwei Tage später – an einem Montag – zu einem Sportarzt, von dem ich wusste, dass er früher auch Fußballmannschaften in der zweiten Bundesliga betreut hatte. Wenn sich jemand damit auskannte, angeschlagene Sportler doch noch irgendwie aufs Feld zu bringen, dann er.

Ich sprach offen und ehrlich mit dem Arzt und sagte ihm, dass es um meinen absoluten Lebenstraum ging. Ich müsse am kommenden Mittwoch einfach performen können. Dieser eine Tag würde über meine Zukunft entscheiden. Ich brauchte von ihm eine Spritze. Das sah der Arzt allerdings ein bisschen anders: Ich brauchte nicht nur eine Spritze. Ich brauchte drei, die er mir dann auch direkt in meine Leiste hämmerte. Die Betäubung wirkte Wunder.

Allerdings nur, bis ich zu Hause ankam und aus meinem Auto ausstieg. Mit einem Mal war meine Leiste komplett hart und ich konnte überhaupt nicht mehr richtig laufen. Auch am nächsten Morgen noch nicht. Mein Bein fühlte sich immer noch taub an. Panisch rief ich den Arzt an. Was hatte er da getan? Wie um alles in der Welt sollte ich morgen den Test machen? Er sagte nur, dass ich locker bleiben solle und dass morgen alles gut sein würde. Und was soll ich sagen? Genau so war es. Am Mittwochmorgen war ich topfit, das blühende Leben. Ich verspürte keinerlei Schmerzen mehr.

Ich erzähle diese Geschichte, weil ich etwas deutlich machen will: Um Außergewöhnliches zu leisten, braucht man immer auch Glück. Ich hatte dieses Glück. Mein Körper hat auf die Spritzen so reagiert wie erwartet. Aber ich habe meinem Glück auch selbst auf die Sprünge geholfen. Weil ich nicht einfach aufgegeben habe. Weil ich mich nicht zum Opfer gemacht habe. Weil ich mich gefragt habe: »Was kann ich tun, damit mein Traum trotz der Verletzung noch Wirklichkeit werden kann?« Ohne diese Einstellung, ohne diesen absoluten Willen, zu handeln und dabei an die Grenze zu gehen, ist es schwer, sich bei einer Einheit wie dem SEK zu behaupten.

Meine Erleichterung an jenem Morgen machte schnell Platz für etwas anderes: Fokus. Heute war Spieltag. Schon als Fußballer hatte ich es immer gemocht, wenn es endlich auf den Platz und um drei Punkte ging.

*

Der Einstellungstest fürs SEK startet mit zwei Krafteinheiten. Zuerst musst du 80 Prozent deines Körpergewichts beim Bankdrücken stemmen. Mindestens zehnmal. Unter uns: Solltest du beim Bankdrücken tatsächlich nur zehn Wiederholungen schaffen, lässt du den Test besser bleiben. Erwartet werden eher 20 Wiederholungen. Und, dass du *all out* gehst. Du machst also so viele Wiederholungen, wie du wirklich schaffst. Hörst du bei 25 auf, obwohl du noch drei oder vier Wiederholungen in den Armen hast, gibt es Abzug in der B-Note. Weil du nicht alles gegeben hast. Und glaube mir:

Die Ausbilder wissen, ob du nicht mehr kannst oder ob du das Zittern deiner Arme nur simulierst. Nach dem Bankdrücken hast du 30 Sekunden Zeit, deine Arme auszuschütteln und ein paar Mal tief Luft zu holen. Deine Muskeln können für die nun anstehenden Klimmzüge jedes Sauerstoffmolekül gebrauchen. Wieder werden mindestens 10 Wiederholungen von dir verlangt. Besser wären jedoch 14 oder 15. So wissen die Ausbilder, dass du es im ausgeruhten Zustand auf ungefähr 20 Klimmzüge bringst.

Nach dem Krafttest geht es in einen Hindernisparcours. Ziel ist es, deine Beweglichkeit und Geschicklichkeit sowie deine Kraftausdauer und deine Geschwindigkeit zu testen. Du hast 2:30 Minuten, um den gesamten Parcours zu bewältigen.

Auf die Plätze. Fertig. Los.

Wie der Parcours genau aufgebaut ist, darf ich nicht verraten. Nur so viel: Du darfst zum Beispiel an Ringe springen und eine Rolle vorwärts und eine Rolle rückwärts machen. Auch Klimmzüge dürfen natürlich nicht fehlen. Von dir werden Balanceübungen in höchster Geschwindigkeit gefordert. Beim Slalomlaufen sind filigrane und vor allem exakte Bewegungen angesagt, damit du dir keine Strafsekunden einhandelst. Die gibt es, wenn du eine der Stangen berührst. Überhaupt ist das das Schwierigste: In höchster Geschwindigkeit müssen wir mitunter noch ein paar kleine Zwischenaufgaben erledigen, die trotz Puls am Anschlag eine ruhige Hand und absolute Präzision erfordern. Da deine Arme von Klimmzügen allein ja nicht müde werden, geht's im Parcours irgendwann auch noch ein Seil hoch. Nicht, dass sich noch jemand in den zweieinhalb Minuten langweilt. Diverse Turngeräte wie Reck und Barren sind ebenfalls in den Lauf integriert. Und Medizinbälle.

Scheinbar ist es in Deutschland nicht möglich, ohne Medizinbälle irgendwo Sport zu machen.

Diese kurze Zeit im Hindernisparcours ist allerdings gar nichts gegen das, was nun folgt: die Bewegungsprüfung. Die ist der schlimmste Teil des Einstellungstests. Sie dauert rund 90 Minuten und ist deshalb so hart, weil du dich nicht wirklich darauf vorbereiten kannst.

Stell dir eine ganz normale Turnhalle vor. Darin stehen vier Pylonen, die eine große Runde abstecken. Innerhalb des Pylonenkreises liegen Koordinationsleitern oder ein paar Stangen, über die man springen soll. Alles, was du nun tun musst, ist zu rennen. Runde um Runde. 90 Minuten lang. Und zwar in dem Tempo, das der Ausbilder vorgibt. Zwischendurch gibt es immer wieder zusätzliche Aufgaben. Liegestütze zum Beispiel. Oder ein Bewegungsmuster an der Koordinationsleiter. Oder einen Knöchellauf. Dabei musst du deine Fußknöchel mit den Händen umfassen und weiterlaufen. Ich hätte nie im Leben gedacht, dass eine Übung so anstrengend sein kann. Vorher hatte ich wie ein Weltmeister Ausfallschritte trainiert. Aber der Knöchellauf geht tierisch auf die Oberschenkelmuskulatur und hätte mich beinahe gebrochen.

Wie bei allen anderen Teilen des Tests gilt auch hier: Schaffst du eine der Anforderungen nicht oder verlierst den Anschluss, bist du raus. Ohne Wenn und Aber. Als ich beim Knöchellauf ein wenig hinter den anderen zurückfalle, steht plötzlich einer der Ausbilder neben mir und sagt: »Komm, Junge, zieh durch!« Die kleine Aufmunterung hilft mir, durchzuhalten. Auch, weil ich dadurch begreife, dass die Ausbilder nicht da sind, um uns rauszuschmeißen. Im Gegenteil: Sie wollen, dass wir es schaffen.

Überhaupt liegt trotz der enormen Anstrengung über der gesamten Bewegungsprüfung eine extrem respektvolle Stimmung. Wir laufen ja nicht allein. Wir folgen einem Ausbilder, der locker über 40 Jahre alt ist. Alles, was wir machen, macht er auch. Ich bin 23 Jahre alt und hätte nicht geglaubt, dass mich jemand, der 20 Jahre älter ist, ohne Probleme an meine körperlichen Grenzen bringt. Was mir ebenfalls gefällt: Unter uns Rekruten herrscht kein Konkurrenzkampf. Schon beim Bankdrücken und bei den Klimmzügen feuern wir uns immer wieder gegenseitig an. Den Gedanken, dass die Person, die da gerade an der Stange hängt, dir später vielleicht genau »deinen« Platz im Kommando wegnimmt, gibt es nicht. Wir wissen, dass wir alle im selben Boot sitzen. Es dauert nicht lange, bis zwischen uns ein besonderer solidarischer Spirit herrscht. »Wir schaffen das alle. Sie müssen jeden von uns nehmen.« Ich darf nicht sagen, wie viele von uns es am Ende tatsächlich schaffen. Aber alle sind es leider nicht.

Den Abschluss bildet dann eine eigentlich simple Aufgabe: 50 Liegestütze in maximal zwei Sätzen. Wer die nicht schafft oder mehr als zwei Sätze braucht? Ist raus. Unter normalen Umständen sind 50 Liegestütze in zwei Sätzen überhaupt kein Thema. Wir haben allerdings schon die Krafteinheit, den Hindernisparcours und die Bewegungsprüfung in den Armen stecken.

Es ist nicht so, dass nochmal gecheckt werden soll, wer nach der 90-Minuten-Tortur immer noch bereit ist, sich zu quälen oder sich durchzubeißen. Es geht auch nicht darum, uns zu brechen. Es geht unseren Ausbildern einzig und allein darum, 50 Liegestütze mit maximal einer Pause zu sehen. Warum? Sie wollen sicher sein, dass diese körperliche Mindestanforderung noch immer in uns steckt, egal wie kaputt wir sind.

Für Außenstehende mag eine solche Anforderung unnötig scheinen oder nach Quälerei klingen. Aber das ist sie nicht. Die körperlichen Anforderungen an SEK-Beamte sind aus gutem Grund so hoch: Wenn du gerade deine kiloschwere Ausrüstung über das Treppenhaus - das SEK fährt nicht mit dem Fahrstuhl - aufs Dach geschleppt hast und dich dann von einer Häuserwand abseilst, um durch ein Fenster oder über einen Balkon in eine Wohnung einzusteigen, sollte dein Gehirn trotz all dieser körperlichen Anstrengung immer noch mit genügend Sauerstoff versorgt sein, um in jeder Sekunde die richtige Entscheidung zu treffen. Nichts ist für einen selbst und die Kollegen im Einsatz gefährlicher als ein Beamter außer Puste, der nicht mehr Herr über seinen Körper und damit nicht mehr Herr der Lage ist.

Also, 50 Liegestütze bitte. In zwei Sätzen. Denn die müssen immer gehen. Das Ende unserer Prüfung sind diese Liegestütze aber noch nicht. Nach einer kurzen Pause von rund 20 Minuten steht ein Sechs-Kilometer-Lauf auf dem Programm. Für diese sechs Kilometer haben wir 30 Minuten Zeit. Normalerweise kannst du mich nachts wecken und mir sagen, dass ich sechs Kilometer in 30 Minuten laufen soll, und ich mach' das. Im Schlafanzug. Vielleicht nicht barfuß. Aber relativ locker. Wenn ich nicht beim Training in der Zeit vor dem Test mit den falschen Laufschuhen am Start gewesen wäre. Durch die Schuhe habe ich beim Joggen Schmerzen im Knie bekommen. Doch statt mich darum zu kümmern und der Ursache auf den Grund zu gehen, habe ich einfach mein Lauftraining niedriger dosiert. Entsprechend ernüchternd verläuft dieser Testteil für mich.

Während zwei der Testteilnehmer mit 24er-Zeiten ins Ziel laufen, komme ich gerade mal mit einer 27er-, 28er-Zeit an.

Das wurmt mich. Normalerweise bin ich es gewohnt, beim Sport immer der Erste oder wenigstens einer der Ersten zu sein. Außerdem bin ich doch jahrelang Fußballer gewesen. Laufen, das hätte eigentlich meine Disziplin sein müssen. Aber an diesem Tag bin ich nur Mittelmaß. Ich werde diese Erfahrung später im Lehrgang noch häufiger machen. Es gibt zwar auch Dinge, in denen ich richtig gut bin, aber bei vielem bin ich eben nicht der Beste. Für mein Ego bedeutet das erstmal einen Knacks.

Auf den Lauf folgt ein Höhentest. Die Aufgabe dabei ist, gesichert von einer Kante an eine Leiter zu springen, an dieser zu schwingen und von der Leiter aus auf ein Geländer zu klettern. Und von dort soll man sich fallenlassen. Eine klassische Vertrauensaufgabe. Normalerweise leide ich unter Fallangst. Der Unterschied zur Höhenangst ist, dass ich einen Schalter in meinem Kopf umlegen kann: Wenn ich gesichert bin, habe ich mit der Höhe und dem Klettern kein Problem. Bin ich jedoch nicht gesichert, fühle ich mich in der Höhe nicht wohl. Zum Glück kann ich im Test diesen Schalter ohne große Probleme umlegen. Spätestens in diesem Moment merke ich, wie sehr ich mein Ziel erreichen will. Mir hilft zudem der banale Gedanke, dass die Ausbilder sicher nicht vorhaben, hier einen Rekruten sterben zu lassen. Die werden schon wissen, was sie tun. Also lasse ich mich ins Nichts fallen, darauf vertrauend, dass mich mein Ausbilder auffangen würde. Was er auch tut. Natürlich.

Auf den Höhentest folgt ein Part, auf den ich richtig neugierig bin: das psychologische Gespräch. Mitglied im SEK zu werden ist mein Lebenstraum. Ich bin gespannt, ob mir meine Ehrlichkeit hier möglicherweise im Weg stehen wird. Ich kann mich nicht verstellen. Ich sage nicht, was andere hören wollen. Ich sage, was ich denke. Das mag taktisch nicht immer der beste Weg sein, aber so bin ich nun mal. Ich kann zwar auch meine Klappe halten, wenn ich nichts zu sagen habe. Aber das macht in einem psychologischen Gespräch ja nun mal gar keinen Sinn.

Ich kann bis heute nicht sagen, wie lange das Gespräch gedauert hat. Es ist wohl auch von Bewerber zu Bewerber unterschiedlich. Je nachdem, wie groß und schwer der mentale Rucksack ist, den der Rekrut mitbringt. An dem Gespräch nehmen die Kommandoführung und die Ausbilder teil sowie eine psychologisch geschulte Person. All diese Leute saßen in einer U-Formation im Raum. Und ich mittendrin. Links zwei, rechts zwei Leute und vor mir nochmal zwei. Ich wurde gebeten, mich erst einmal kurz vorzustellen und zu erzählen, was ich bisher so in meinem Leben gemacht hatte. Anschließend wurde ich gefragt, was meine Motivation sei, beim SEK mitzumachen. Ich konnte es nicht anders erklären, als dass ich in mir dieses Feuer spürte. Ich wollte etwas Sinnvolles mit meinem Leben anfangen. Ich wollte wissen, ob ich der Herausforderung gewachsen war. Ich wollte zu den Besten gehören.

Obwohl ich das Gespräch insgesamt als sehr offen und empathisch empfand, ging es dabei auch ganz schön zur Sache. Die alte Guter-Cop-böser-Cop-Nummer. Ich wurde ein paarmal regelrecht abgekanzelt. Wohl um zu sehen, wie ich auf den härteren Tonfall reagierte. Ob ich mich verteidigte. Aufbrauste. Oder bei Kritik eher in mich zusammensank. Ich glaube, es ging in dem ganzen Gespräch ohnehin gar nicht so sehr darum, was man genau sagte. Viel wichtiger war, wie ich auf die Fragen reagierte und wie ich mit den Situationen im Test und mit dem Gespräch jetzt umging. War ich klar mit mir selbst? Klar gegenüber meiner Umwelt? War ich selbstbestimmt? Zielstrebig? Leidensfähig? Professionell?

Ich bin oft gefragt worden, was genau einen SEK-Beamten auszeichnet. Was ihn, abgesehen von den körperlichen Fähigkeiten, im Kopf von anderen unterscheidet. Ich habe auf diese Frage keine eindeutige Antwort. Auf keinen Fall müssen SEK-Beamte alle wie ich sein. Im Gegenteil: Die Mitglieder in meinem Kommando erwiesen sich später als sehr unterschiedliche Persönlichkeiten. Jeder brachte unterschiedliche Fähigkeiten und Facetten mit, die sich dann in der Gruppe gegenseitig ergänzten und austarierten. Die uns im Zusammenspiel stärker und besser machten. Nein, *den* typischen SEK-Beamten gibt es nicht. Aber es gibt ein funktionierendes Kommando, das aus krassen Individualisten besteht, die fähig sind, ihr Ego zurückzustellen und im Team zu arbeiten.

Nach dem psychologischen Gespräch fühlte ich nichts mehr. Ich war leer. Ich konnte meinen Freunden hinterher nicht einmal sagen, ob ich mich wohl gut oder schlecht geschlagen hatte. Normalerweise hast du nach einer Klausur eine Ahnung, welche Note du bekommst. Ob es eine Zwei wird oder eine Vier. Oder ob du durchgefallen bist. Als ich an diesem Tag nach Hause fuhr, gab es weder eine Hoffnung, an die ich mich hätte klammern können, noch Ärger über einen Fehler, den ich gemacht hatte. Ich hatte mein Bestes gegeben. Nicht mehr und nicht weniger. Ob es gereicht hatte, darüber entschieden andere.

Drei Wochen musste ich die Ungewissheit ertragen. Dann endlich erhielt ich den Anruf, dass ich beim Grundlehrgang dabei sein würde. Was für ein Moment! Ich war meinem Traum, Inside SEK zu gehen, ein großes Stück nähergekommen.

Kapitel 6

Wenn du keinen Schmerz mehr spürst, bist du wahrscheinlich tot – Meine erste Woche beim Grundlehrgang

Am ersten Tag meines SEK-Grundlehrgangs lag ich um 19 Uhr im Bett. Ich wollte nur noch schlafen. Mich nicht mehr bewegen. Und ich war mir für einige Augenblicke auch nicht ganz sicher, ob ich am nächsten Morgen überhaupt wieder aufwachen wollte. So ein Tag war das gewesen.

Dabei fing er eigentlich recht harmlos an. Diejenigen, die den Aufnahmetest bestanden hatten – wie viele es waren, tut nichts zur Sache –, versammelten sich in der Dienststelle in Hannover, wo wir erst einmal unsere Ausrüstung für den Grundlehrgang in Empfang nahmen: Klamotten, Helm, Weste.

Einmal mehr erklärten uns unsere Ausbilder, dass das, was sie in den kommenden sieben Monaten mit uns veranstalten würden, ein Ausbildungslehrgang und kein Rausschmeißlehrgang sei. Wenn es nach ihnen ging, würden wir es alle durch den Lehrgang schaffen, so die Aussage. Hoffnungsvolles Grinsen in der Runde. »Allerdings zeigt unsere Erfahrung, dass das nicht der Fall sein wird.« Und schon gingen die Mundwinkel wieder runter.

Nach der kurzen Einführung inklusive Besichtigung der Dienststelle folgte ein Konditionstraining. Wir würden einen

Erholungslauf machen, hieß es. Allerdings über rund 25 Kilometer. Zwischendrin mussten wir immer wieder Übungen machen. Wir mussten Rampen tragen. Wir mussten uns gegenseitig tragen. Wir mussten Burpees machen. Wir mussten mit einem Kollegen im Huckepack einen Hügel hoch sprinten. Wer als Letzter oben ankam, musste zusätzliche Burpees machen. So vergingen vielleicht drei oder vier Stunden. Mein Zeitgefühl war mit das Erste, was durch die Belastung in die Brüche ging. Erholungslauf? Ich bin noch nie in meinen Leben so maßgenommen worden wie an diesem Tag.

Doch es sollte noch besser kommen. Nach dem Lauf verkündeten uns unsere Ausbilder, dass nun die erste Drei-Kilometer-Abnahme anstünde. Wir hätten dafür 12 Minuten.

Keiner von uns schaffte es in dieser Zeit.

Auch ich gehörte zu denjenigen, die richtig kämpfen mussten. Meine Position? Irgendwo hinter »ferner liefen …«. Anderen erging es jedoch noch schlechter. Auf der Strecke bemerkte ich, dass einer meiner Kollegen mit Kreislaufproblemen zu kämpfen hatte. Er taumelte und drohte jeden Moment umzufallen. Sollte ich weiterrennen? Ich lag sowieso schon weit hinten und meine Zeit war eine mittlere Katastrophe. Als ich aus dem Augenwinkel den nächsten Stolperer meines Mitläufers registrierte, hakte ich ihn unter, um ihn zu stabilisieren. Als Doppelpack waren wir nicht schnell. Aber wir kamen sicher voran, ohne, dass sich mein Kollege bei einem Sturz verletzen würde.

Ich weiß nicht mehr, wie lange wir zusammen liefen. Aber irgendwann kam uns unser Kommando-Sanitäter entgegen. Er war – wie üblich – vom Ziel aus in unsere Richtung losgelaufen. So blieb er selbst fit und war gleichzeitig schnell zur Stelle, wenn er gebraucht wurde. Anscheinend kam es häufiger vor, dass die Läufe einen von uns in die Knie zwangen. Er erfasste die Situation sofort und nahm mir meinen Kollegen ab. Ich lief allein in Richtung Ziel weiter.

Als ich dort ankam, standen etwas mehr als 18 Minuten auf der Uhr. Eine Vernichtung. Weder ich noch meine Ausbilder sagten etwas zu dieser Zeit. Ich versuchte mich auch nicht damit herauszureden, dass ich meinem Kollegen geholfen hatte. Selbst wenn ich ohne ihn eine oder zwei Minuten schneller gewesen wäre, hätte das an meiner schlechten Leistung grundsätzlich nichts geändert.

Zum Glück ging es an diesem Tag nicht darum, die vorgegebene Zeit zu schaffen. Ich glaube, unsere Ausbilder wollten uns an diesem Tag deutlich machen, dass wir noch nichts erreicht hatten. Dass die eigentliche Arbeit, um ins SEK zu kommen, noch vor uns lag.

Um 16:30 Uhr war an diesem Tag Dienstschluss. Ich schleppte mich nach Hause, aß eine Kleinigkeit und lag um 19 Uhr im Bett – ich konnte mich nicht erinnern, dass das schon jemals vorgekommen war. Ich hatte überall Schmerzen. Und mit Schmerzen wachte ich am nächsten Morgen auch wieder auf. Passend dazu hatte in der Chat-Gruppe unseres Kommandos jemand ein Meme gepostet, in dem es hieß: »If I woke up and nothing hurt, I would think I was dead.« Was soll ich sagen ... vor allem in der ersten Woche des Grundlehrgangs fühlten wir uns in diesem Sinne alle ziemlich »lebendig«.

Doch die Rückschläge für unsere Truppe kamen bereits ab Tag 2: Schienbeinkantenbruch beim Kampfsporttraining. Der Kollege war raus. Das zeigte mir einmal mehr, wie schnell ein Traum zerplatzen und ein Ziel für den Moment unerreichbar werden kann. Ich hatte es ja selbst beim Fußball ganz ähnlich erlebt – eine Verletzung zum falschen Zeitpunkt und das war's. Egal, wie groß dein Wille und wie stark dein Mindset ist, du musst eben auch einen Körper haben, der fürs SEK gemacht ist.

Dabei hatte das Programm des zweiten Tages auf dem Papier recht harmlos geklungen: Einweisung, Dienstunterricht Glock 17, Waffenhandhabung – also alles zur Theorie unserer Dienstwaffe – und von 13 bis 16 Uhr Selbstverteidigung AZT. AZT steht für »Abwehr- und Zugriffstraining«, in dem Polizeibeamte lernen, Angriffe abzuwehren und Zugriffe, also Verhaftungen, mit der richtigen Technik vorzunehmen. Einziges Problem: Von den drei Stunden standen wir vielleicht 45 Minuten auf der Matte und übten Kampf- und Abwehrtechniken. Die Zeit davor wurden wir eigentlich nur wieder durch die Mangel gedreht. Zum Beispiel mit vielen Liegestützen, gerne auch mal kombiniert mit einem *Salamander Walk* oder einem *Dragon Walk*. Wir mussten hunderte Rollen vorwärts und rückwärts machen. Einigen wurde davon so schlecht, dass sie kurz auf den Toiletten verschwanden, um sich zu übergeben. Und dann war da noch das Seilklettern. Die besondere Herausforderung dabei: Der Einsatz unserer Füße war tabu. Stattdessen hieß es: »Aus dem Sitz. In den Sitz.« Du durftest dich also ans Seil setzen und nur mit den Armen fünf Meter hochziehen. Oben anschlagen. Weiterhin sitzend runter. Die Füße durften wir nur einsetzen, wenn es wirklich nicht mehr ging und wir merkten, dass wir keine Kraft mehr in Armen und Schulter hatten und gleich abschmieren würden. Das Klettern ohne Füße gehörte zu den Dingen, mit denen ich mich anfangs besonders schwertat.

Der Schienbeinkantenbruch des Kollegen passierte, als wir ein Rad schlagen mussten. Nicht gerade eine Übung, die eine solche Verletzung impliziert. Ich darf nicht sagen, wie viele von uns den Grundlehrgang aus verschiedenen Gründen nicht beendeten. Aber es waren einige, obwohl wir - wie uns gesagt wurde - insgesamt ein sehr starker Lehrgang waren. Mal war es eine Lungenentzündung, die dazu führte, dass der Betroffene zu viele Ausbildungsinhalte verpasste, die er nicht mehr aufholen konnte. Mal kam jemand an seine körperlichen Grenzen. Und es gab tatsächlich auch Rekruten, die von sich aus entschieden, den Lehrgang abzubrechen. Bei denen Wunschvorstellung und Realität nicht zueinander fanden.

Am dritten Tag in unserer ersten Woche durften wir vormittags ein wenig durchschnaufen. Unser erstes Schießtraining stand auf dem Dienstplan. Dazu sollte man wissen, dass beim SEK-Kommando ein wenig anders geschossen wird als bei der »normalen« Polizei. Die Waffen sind anders. Wir schießen in der Regel auch mit Helm und Weste, also mit einem eingeschränkten Sichtfeld und geringerer Bewegungsfreiheit. Du kannst zum Beispiel die Arme beim Schießen nicht mehr ganz durchstrecken, weil dich die Weste daran hindert. Wir mussten uns zudem an das Schießen mit *Trigger Reset* gewöhnen. Dieser Abzugsmechanismus ermöglicht durch einen reduzierten Abzugswiderstand nach dem ersten Schuss ein schnelleres und präziseres Schießen. Bei späteren Schießübungen wurden wir zudem absichtlich unter Stress gesetzt. Wir lernten, mit höchstem Belastungspuls dennoch Ruhe und Präzision in unsere Schüsse zu legen. Wir mussten unter flackerndem Stroboskoplicht schießen. Und dennoch sicher entscheiden, ob unser Ziel eine Waffe oder nicht doch eine Fernbedienung in der Hand hielt.

Bei diesem ersten Schießen jedoch verzichteten unsere Ausbilder auf Stress und unsere klassische Ausrüstung mit Helm und Weste. Wir wurden stattdessen beim Schießen gefilmt, um uns sofort zeigen zu können, wie und wo wir unsere Haltung verbessern mussten. An diesem Tag hatte ich das erste Mal das Gefühl, wirklich etwas zu lernen. In Ruhe. Ohne gehetzt zu sein und gehetzt zu werden. In den Tagen davor schien es unseren Ausbildern eher nur darum zu gehen, in Erfahrung zu bringen, ob wir unser Leistungsniveau vom Aufnahmetest gehalten hatten. Oder ob wir in der Zwischenzeit die Füße hochgelegt hatten. Schließlich hätte auch das etwas über den Charakter jedes Einzelnen von uns ausgesagt. Ich konnte das Vorgehen gut nachvollziehen.

Allzulange sollte das Gefühl des Lernens in Ruhe, das ich am Schießstand gehabt hatte, jedoch nicht anhalten. Nach dem Schießen ging es für uns in einen Hindernisparcours Marke Eigenbau. Mit den wildesten Konstruktionen. Es gab Hindernisse, bei denen du rauf, runter, drüber oder drunter musstest. Sprossenwände, die von der Decke hingen. Bandschläge, an denen du dich entlanghangeln musstest. Diese waren jedoch nicht festgespannt, sondern gaben nach und wackelten, sobald du an ihnen hingst. Zum Glück waren die Bandschläge nicht besonders hoch angebracht. Zu unserem Pech durften unsere Füße beim Hangeln den Boden nicht berühren. Beim Klettern über ein Netz kam ich mir vor, als würden wir für die nächste Staffel *Ninja Warrior Germany* trainieren. Wir krabbelten im Kommando-Kraul über längsgespannte Seile. Falls du dich fragen solltest, wie der Kommando-Kraul aussieht: Du liegst mit dem Bauch auf dem Seil. Ein Bein hängt leicht nach unten. Mit diesem Bein balancierst du dich aus. Das andere Bein ist angezogen Richtung Po. Spann und Knöchel liegen auf dem Seil. Mit diesem Bein drückst du dich nach vorn. Die Arme bewegen sich konträr dazu. Wie bei einer Raupe.

Meine Hassübung war der Sprung in einen Reifenstapel gegen Ende des Parcours. Reinspringen, abducken, wieder raus. Keine Ahnung, warum, aber mir zogen die Reifen immer die letzten Körner an Kraft aus Armen und Beinen. Zudem gab es in den gestapelten Reifen nicht viel Platz, sodass du dich möglichst exakt bewegen musstet, um dir nicht weh zu tun und nicht zu viel Zeit liegen zu lassen.

In dem Hindernisparcours trugen wir eine Art Kletterhelm. Zum Glück, denn mit schöner Regelmäßigkeit stießen unsere Köpfe gegen irgendwelche Balken oder Hindernisse. Spätestens hier wurde mir klar, dass Kraft nicht das A und O unserer Ausbildung sein würde. Klar, ein gewisses Maß an Kraft wurde jedem von uns abverlangt. Doch die koordinativen Anforderungen waren in meinen Augen sehr viel herausfordernder. Etwa, wenn du eine Rolle vorwärts auf einem Barren machen darfst. Ich wusste gar nicht, dass das geht. Aber es gibt eben immer etwas Neues zu lernen.

Natürlich ist es möglich, mit einem Auto permanent Vollgas zu geben. Nur sollte man dann auch mit der Konsequenz leben, dass der Verschleiß einzelner Teile des Motors sehr viel schneller einsetzt. Am Donnerstag unserer ersten Grundlehrgangswoche zeigte sich, dass unseren Ausbildern das Thema Belastungssteuerung weder egal noch fremd war. Beim Taktischen Situationstraining war das Gaspedal – ähnlich wie am Tag zuvor beim Schießen – nicht bis zum Anschlag durchgedrückt. Stattdessen bekamen wir die Gelegenheit, uns ausführlich an unsere Ausrüstung zu gewöhnen. Vor allem an das Gewicht von Helm und Weste, aber auch an die Einschränkungen in Sachen Beweglichkeit, die mit unserer Schutzkleidung einhergingen. Spätestens hier wurde jedem von uns klar, warum wir uns beim Konditions- und Koordinationstraining so quälen mussten. Allein die schusssichere Weste wiegt bis zu 15 Kilogramm.

Im Situationstraining spielten wir – immer zu zweit – verschiedene Einsatzlagen durch, wie wir sie aus dem klassischen Polizeidienst auf Streife kannten. Mal eskalierend, mal nicht. Wieder wurden wir gefilmt. Später bekamen wir auf Grundlage der Filme Feedback, was wir gut gemacht hatten und was wir in Zukunft noch verbessern konnten. Am Nachmittag stand wieder ein Konditionstraining an. Allerdings keines, bei dem wir an unsere Grenzen gehen mussten. Belastungssteuerung eben.

Der letzte Tag der ersten Woche im Grundlehrgang verlief ähnlich wie der Donnerstag. Wir starteten mit einem Vortrag über die Geschichte des SEK, wurden mit der Struktur der Dienststelle und den verantwortlichen Personen vertraut gemacht. Wieder folgte ein Konditionstraining, nach dem ich mich nicht wie ausgekotzt fühlte. War das Training womöglich fairer gewesen? Oder hatte sich mein Körper bereits an die Belastung gewohnt? Vielleicht war es auch eine Mischung aus beidem?

Gleich zu Beginn unseres Grundlehrgangs gründeten wir eine Fahrgemeinschaft. Jeder von uns hatte in einer Liegenschaft der Polizei in der Nähe unserer Kommando-Dienststelle eine Unterkunft bekommen, wo wir unsere Ausrüstung lagerten. Einige Kollegen, die von weiter weg kamen, wohnten unter der Woche auch dort, und wir fuhren jeden Tag mit unseren Bullis zusammen ins Kommando. Und jeden Tag hörten mich die Kollegen jammern: »Heute schwimmen? Das schaff ich nicht, Leute! Nach einer Stunde geh' ich unter. Wie ein nasser Sack.«

Dabei war es egal, was auf dem Dienstplan stand. Ich jammerte über alles. Nur um am Nachmittag, wenn es wieder zurück in Richtung Liegenschaft ging, der Fröhlichste im Auto zu sein: »Und, Leute? War gar nicht so schlimm heute? Oder? Lief doch eigentlich ganz ordentlich.«

Irgendwann lachten die Jungs nur noch, sobald ich den Mund aufmachte, und machten mich auf die Diskrepanz meiner Einstellung zwischen morgens und nachmittags aufmerksam. Ich musste ebenfalls schmunzeln. *Promise low, deliver high.* Das war für mich schon immer eine Taktik, um mich zu puschen.

Trotz der Fortschritte, die ich machte, ging ich aus der ersten Woche mit dem Gefühl eines Kulturschocks. Mehr als einmal war ich in diesen fünf Tagen den anderen hinterhergelaufen. In vielen Disziplinen gehörte ich nicht zu den Besten. Mich wurmte das. Es ließ mich an mir selbst zweifeln. Das entsprach nicht meinem Anspruch und nicht dem Selbstbild, das ich bis dahin von mir gehabt hatte. War ich beim SEK wirklich richtig? Oder war das hier doch eine Nummer zu groß für mich? Was ich damals noch nicht wusste: Ich würde beim SEK nicht nur lernen, gegen Terroristen oder Gewalttäter zu kämpfen, sondern auch gegen mein Ego.

Kapitel 7

Ego – Was ist meine Mission?

Hätte ich für jedes Mal, wenn jemand mir gegenüber das SEK als »Sondereinsatzkommando« bezeichnet hat, einen Euro bekommen ... Meine Antwort war immer die gleiche: »Es heißt *Spezial*einsatzkommando. Wir sind speziell, aber nicht sonderbar.«

Aber stimmt das wirklich?

Ich bin ein sehr rationaler Mensch. Wenn ich eine Entscheidung treffe, stehe ich dazu. Und lebe mit den damit verbundenen Konsequenzen. Als ich mich entschied, zum SEK zu gehen, wusste ich um die Risiken. Ich wusste zum Beispiel, dass ich im Einsatz erschossen werden kann. Das gehört zu diesem Beruf dazu. Wenn ich nicht bereit bin, dieses Risiko einzugehen, habe ich beim SEK nichts zu suchen. Wir werden alle eines Tages sterben. Keiner von uns weiß, wann dies der Fall sein wird. Damit wir uns nicht falsch verstehen: Ich hänge sehr am Leben. Ich möchte jeden Tag nach Hause kommen, um mein Kind aufwachsen zu sehen.

Während meiner Ausbildung und auch später beim SEK habe ich oft den Spruch zu hören bekommen, dass ich wohl einen Nagel im Kopf hätte. Ich weiß nicht warum, aber in Krisensituationen bin ich komplett im Fokus. Ich funktioniere. Für mich und mein Kommando. Egal, wie gefährlich ein Einsatz wird, ich verspüre keine Angst. Für mich ist das normal. Für meine Freunde, und manchmal sogar für meine Kollegen oder Vorgesetzten, war es das nicht. Für die musste ich einen Nagel im Kopf haben. Einmal wurde ich sogar gefragt, ob ich Todessehnsucht hätte. Anders konnten sie sich mein in ihren Augen eher sonderbares Verhalten nicht erklären. Ein normaler Mensch begibt sich doch nicht freiwillig in Lebensgefahr. Nur: Wer entscheidet eigentlich darüber, was normal ist und was nicht?

Diese Ambivalenz habe ich immer wieder erlebt: Einerseits sind die Leute neugierig auf dich als SEK-ler. Anderseits sind sie skeptisch und zum Teil sogar ablehnend: »Wir wollen keine Bullenschweine. Denn *All Cops Are Bastards*. Und die vom SEK sind besonders schlimm.«

Es gibt einen Satz, der das Dilemma unserer Spezialeinheit sehr gut auf den Punkt bringt: »Wer im Krieg Wölfe haben will, darf im Frieden keine Schafe züchten.« Wenn es hart auf hart kommt, musst du beim SEK tatsächlich ein Wolf sein. Wir tragen unsere Waffen nicht nur zur Abschreckung mit uns herum. Wenn es notwendig ist, müssen wir bereit sein, sie zu benutzen. Und womöglich ein Leben auszulöschen. Der wohl größte Irrtum in der Gesellschaft ist, dass wir darauf trainiert werden, alles und jeden anzugreifen und zu zerfleischen. Oder noch schlimmer: dass das unsere Natur ist. Dass wir gern töten. Dass wir den Nervenkitzel brauchen. Und Adrenalinjunkies sind. Das stimmt so nicht. Ja, wir sind bereit, bis zum Äußersten zu gehen. Das gehört dazu. Ja, wir wissen, dass wir Dinge tun, zu denen andere Menschen nicht fähig sind. Und ja, wir sind zufrieden und stolz, wenn ein Einsatz gut lief. Aber es ist niemals so, dass wir die Gefahr suchen oder gar provozieren. Unsere wichtigste Mission in jedem Einsatz ist nicht, uns in Gefahr zu begeben, sondern so viele Gefahren wie möglich abzuwenden. Zuerst für die Bevölkerung und für die in die Einsatzlage verwickelten Personen. Und dann natürlich auch für uns und für die Zielperson. Wir gehen in jeden Einsatz, mit dem Ziel, alle Beteiligten da lebend rauszuholen. Meistens gelingt das. Aber nicht immer. Und auch wenn wir in der Lage sind, unsere Emotionen im Einsatz zurückzustellen, heißt das nicht automatisch, dass wir am Abend, wenn wir im Bett liegen, mit dem, was wir tagsüber getan haben, einfach so klarkommen.

Normale Menschen haben Angst vor Wölfen. Ich kann das nachvollziehen. Während Menschen auf ein Schaf in der Regel freudig zugehen und versuchen, es zu streicheln, halten sie sich von einem Wolf lieber fern. Er wird als gefährlich angesehen. Für uns SEK-Beamte ist das manchmal schwierig. Wir sind schließlich auch nur Menschen und wünschen uns, wie alle anderen, Anerkennung für das, was wir leisten. Die Ausgrenzung, die wir mitunter erfahren, die Skepsis und die Vorurteile, die uns begegnen, setzen uns zu. Und sie tragen dazu bei, dass sich in manchen Kommandos eine Wir-gegen-den-Rest-Welt-Mentalität entwickelt. Wenn das passiert, wird das SEK zur Wagenburg. Eine menschlich nachvollziehbare, aber gesellschaftlich fatale Entwicklung.

In einer idealen, friedlichen Welt bräuchte niemand eine Einheit wie das SEK. Ja, womöglich nicht einmal eine Polizei. Aber wir leben nun mal nicht in einer idealen Welt. Im Gegenteil: Die Zahl der Delikte im Bereich der Gewaltkriminalität in Deutschland ist zum Beispiel gleichbleibend hoch. 2022 waren es 197 202 Fälle. Zur Gewaltkriminalität gehören Mord, Totschlag, Vergewaltigung, sexuelle Nötigung und sexueller

Übergriff, im besonders schweren Fall mit Todesfolge, Raub, räuberische Erpressung und räuberischer Angriff auf Kraftfahrer, Körperverletzung mit Todesfolge, gefährliche und schwere Körperverletzung, Verstümmelung weiblicher Genitalien, erpresserischer Menschenraub, Geiselnahme oder Angriff auf den Luft- und Seeverkehr.

197 202 Fälle im Jahr. Das sind 540 Fälle am Tag. Hinter jedem dieser Fälle könnte sich einer verbergen, bei dem das SEK gebraucht wird.

Als Polizisten sind wir so etwas wie das Immunsystem unserer Gesellschaft. Solange alles läuft, sieht und hört man nichts von uns. Versucht jedoch jemand, das System lahmzulegen oder zu stören, müssen wir da sein und aktiv werden. Umgekehrt gilt: Eine Gesellschaft, die ein gutes Immunsystem haben will, muss sich um ihre Polizei kümmern. Sie pflegen und stark machen. Hatte ich beim SEK das Gefühl, dass dies der Fall ist? Nein. Nicht immer. Meine Kollegen im Kommando und ich, wir fühlten uns oft alleingelassen. Insbesondere von der Politik, aber auch von unseren Vorgesetzten. Einfach nur ab und an neue Ausrüstung aufs SEK werfen ist kein echtes Konzept für eine zeitgemäße Weiterentwicklung.

Unsere Ausbilder konfrontierten uns von Anfang an mit diesem Konflikt. Ich kann mich noch gut an meine anfängliche Irritation erinnern, als wir von ihnen zu hören bekamen: »Definiert euch als Menschen nicht zu sehr über diesen Job und auch nicht über das, was ihr gerade tut.« Wie bitte? Sollten wir nicht für die Arbeit beim SEK brennen? Mussten wir das nicht sogar, um die Strapazen überhaupt auszuhalten? Es dauerte eine Weile, bis ich begriff, was sie uns eigentlich sagen wollten. Fast jeder von uns wurde innerhalb der Ausbildung und später auch im Einsatz an seine Grenzen gebracht. Mehr ging nicht. Und im Grenzbereich häufen sich Fehler. Zwangsläufig. Weil du nicht mehr in der Lage bist, gute Entscheidungen zu treffen. All das wird in der Ausbildung angesprochen und auseinandergenommen. Du wirst kritisiert. Deutlich. Mal allein. Mal vor deinen Kollegen. Manchmal auch in den Medien, wenn ein Einsatz, der sich anders entwickelt hat als gewünscht, tagelang Schlagzeilen macht. Mal von Politikern, die sich profilieren wollen oder müssen und sich der Folgen für die Menschen, über die sie da reden, nicht bewusst sind. Oder denen diese in dem Moment egal sind.

Diese Kritik macht etwas mit dir. Je nachdem, wo dein Selbstwertgefühl, wo dein Ego steht. Definierst du deinen Selbstwert nur über deinen Job, führt die Kritik dazu, dass du permanent das Gefühl hast zu scheitern. Nicht gut genug zu sein. Ich selbst hatte damit vor allem am Anfang beim SEK sehr zu kämpfen. Schließlich bin ich den anderen im Kommando bei vielen Aufgaben im wahrsten Sinne des Wortes hinterhergelaufen. Doch unsere Ausbilder gaben mir mit auf dem Weg, meinen Selbstwert als Mensch nicht ständig nur im Wettbewerb und im Vergleich mit anderen zu bestimmen. »Es wird immer einen Beamten geben, der mehr Erfahrung hat oder in einem bestimmten Bereich besser ist.« Diese Tatsache sollte mich inspirieren, mir zeigen, was möglich ist. Wenn mir das gelänge, würde Kritik mich nicht mehr ins Scheitern oder in Selbstzweifel führen. Ich könne stattdessen mit der Kritik arbeiten. Mich verbessern. Und meine Grenzen Stück für Stück ein bisschen verschieben. Das musste ich jedoch erst lernen. Denn machen wir uns nichts vor: Die meisten, die zum SEK gehen, haben ein kleines Ego-Problem. Wahrscheinlich ist das sogar eine Voraussetzung, um sich den körperlichen und psychischen Ausnahmesituationen, die einen dort erwarten, überhaupt stellen zu können.

Leute, die zum SEK gehen, wollen sich und anderen etwas beweisen. Welche merkwürdigen Auswüchse das haben kann, habe ich einmal im Gespräch mit einem Kollegen vom KSK erfahren. Bei ihm ging die Sache mit dem Ego so weit, dass er sich während seiner Zeit im Kommando nochmal fünf Kilo extra in den Rucksack gepackt hat. Wann immer jemand seinen Rucksack anhob und anmerkte, wie schwer der sei, ging ihm richtig das Herz auf. Weil er damit bewiesen hatte, dass er in der Lage war, mehr zu leisten als die anderen. Aber hatte er das wirklich?

Mein Ego meldete sich beim SEK ebenfalls mit schöner Regelmäßigkeit bei mir. Zum Beispiel, wenn ich einen Klimmzugwettbewerb verlor. Mit nur zwei Klimmzügen Abstand! Ich konnte das nicht auf mir sitzen lassen. Zu Hause im Keller habe ich den Wettbewerb nochmal gemacht und die zwei Klimmzüge draufgepackt. Ich hatte also doch gewonnen. Aber was eigentlich? Dass mein mitunter überehrgeiziger Ego-Weg nicht ganz richtig sein konnte, merkte ich auch daran, dass ich mich über die Leistungen anderer oft nicht recht freute. Ich feuerte meine Kollegen zwar an und gratulierte ihnen zu ihren Erfolgen. Aber ich war nicht mit dem Herzen dabei. Ich empfand ihre herausragende Leistung als Niederlage für mich.

Es dauerte eine Weile, wirklich zu verinnerlichen, dass unsere Arbeit kein Wettbewerb ist. Klar konnten und sollten wir uns im Training gegenseitig herausfordern und miteinander batteln. Aber im Einsatz kämpfen wir niemals gegeneinander oder für uns selbst. Im Einsatz müssen unsere Egos miteinander harmonieren. Das kann nur funktionieren, wenn du in der Lage bist, dich zu kontrollieren und zurückzunehmen. Wenn du nicht für dich, sondern fürs Team arbeitest. Als Fußballer hätte ich das eigentlich wissen müssen.

Dass das ganze Team leidet, wenn du einen Fehler machst, brachten uns unsere Ausbilder auf eine sehr subtile Art bei: Wann immer jemand eine vorlaute Klappe hatte, wann immer er seine Interessen über die der Gruppe stellte oder nicht fair zu seinen Kollegen war, änderte sich spontan unser Ausbildungsprogramm. Liegestütze für alle. Einmal - relativ am Anfang unseres Grundlehrgangs - war ich der Grund für diese Programmänderung. Ich weiß nicht mehr genau, was ich angestellt hatte. Wahrscheinlich hatte ich mich einfach gehen lassen und geflucht. Was leider verboten war. Als die Ausbilder nach zweieinhalb Stunden Sport daher noch einmal 50 Liegestütze für alle verkündeten, wäre ich am liebsten im Boden versunken. Ich habe mich so geschämt. Die Liegestütze allein zu machen - kein Problem. Dass ich aber alle anderen reingeritten hatte, tat mir mehr weh als meine Arme ab der 30sten Wiederholung.

Ich hatte erwartet, dass ich hinterher von meinen Kameraden eins auf den Deckel kriegen würde. Aber als ich mich entschuldigte, hieß es nur: »Kein Drama, Kuni. Wir sind hier eine Einheit. Wir baden das zusammen aus.« Ich habe nie wieder beim SEK geflucht. Zumindest nicht öffentlich. Innerlich ab und an schon.

Es gibt ein interessantes Prinzip, nach dem die *Navy Seals* ihre Teams zusammenstellen. Sie wägen dabei stets die Punkte Performance und Vertrauen gegeneinander ab. Der Punkt Performance beschreibt die Leistungsfähigkeit im Einsatz. Wie gut du dich taktisch bewegen und entscheiden kannst. Wie du körperlich drauf bist. Solche Sachen. Der Punkt Vertrauen umfasst, was für ein Mensch du bist. Wie du mit anderen umgehst. Ob du ehrlich bist. Und ob deine Teammitglieder dir vertrauen können und es auch tun. Das ideale Teammitglied ist eines, das im Einsatz ein *High Performer* ist und insgesamt als Mensch ein hohes Vertrauen genießt. Doch die *Navy Seals* entscheiden sich bewusst auch für Mitglieder, deren Performance im Einsatz nur mittelmäßig ist. Und selbst ein *Low Performer,* der hohes Vertrauen als Mensch genießt, hätte bessere Chancen, ins Team zu rutschen, als ein *High Performer,* dem niemand vertraut. Der nur an sich denkt. Der ein Arschloch ist. Der bereit ist, andere vor den Bus zu schubsen, wenn es ihm nützlich ist. Mit dem eigentlich niemand im Team etwas zu tun haben möchte.

Ganz ähnlich habe ich es im SEK erlebt. Spezielle Charaktere? Egos? Die hatten wir auf jeden Fall im Kommando. So speziell, dass ich auch nicht mit jedem befreundet war. Aber ein Arschloch war keiner meiner Kollegen. Ich konnte mich auf jeden Einzelnen immer verlassen.

Kapitel 8

Für jeden Einsatz gewappnet – Meine Ausbildung beim SEK

Wenn ich vor einer Tür stehe, weiß ich in der Regel genau, welches Modell es ist. Wie sie in den Angeln hängt. Und wo und mit welchem Gerät ich ansetzen muss, um sie so schnell wie möglich aufzubekommen. Ist die Tür offen, weiß ich, wie ich in den Flur hineingehe, wann ich anhalte, welche Bereiche des Raums ich erfassen muss und wie ich in die an den Flur anschließenden Räume hineingehe. Immer geht es dabei um potenzielle Sichtfelder und Schusswinkel. Im Gegensatz zu einem Kollegen der Streifenpolizei muss ich beim Betreten einer Wohnung über diese Dinge aber gar nicht nachdenken, weil ich sie über Wochen trainiert habe.

Ich habe gelernt, wie ich mit meinen Kollegen in Räume gehe. Zunächst zu zweit im »Buddy-System«, bei dem zwei Mann sich ständig abwechselnd sichern. Mal geht der eine voran, mal der andere. Später laufen wir im 4er- oder 5er-Trupp. Jede dieser Konstellationen bringt andere Bewegungsmuster und Sicherungsaufgaben mit sich. Wir hatten dafür verschiedene Raumtypen und Grundrisse nachgebaut, in denen wir unsere gemeinsamen Bewegungen perfektionieren konnten. Von den einzelnen Räumen gingen die Lehrinhalte dann weiter zu Anschlussräumen, zu Fluren mit Räumen, wie in

Bürogebäuden oder Schulen, zu ganzen Wohnungen und zu Häusern.

Stell dir eine Amoklauf-Situation in einer Schule vor. Über welchen Eingang würdest du in das Gebäude gehen? Welchen Weg wählst du anschließend durch das Gebäude? Welche Anweisungen gibst du Schülern, die in einem Raum sind, den du gesichert hast? Sollen sie dortbleiben oder raus in die Freiheit rennen? Wo sie womöglich von einem Täter, der eine oder zwei Etagen höher an einem Fenster steht, getroffen werden könnten. Ohne intensive Schulung ist es kaum möglich, einer solchen Situation gerecht zu werden. Und selbst Streifenpolizisten werden sich damit schwertun. Natürlich werden Amoklauf- und Terrorlagen auch bei der Polizei trainiert. Nur in der Regel viel zu selten. Dabei wäre das sehr wichtig.

In der Realität sind die meisten Amok-Lagen sehr schnell vorbei. So schnell, dass das SEK oft noch gar nicht am Einsatzort ist. Meist gibt es nur ein kleines Zeitfenster zum Eingreifen, das den Streifenpolizisten, die in der Regel zuerst vor Ort sind, zur Verfügung steht. Doch wenn du nicht sicher bist, was du tun kannst, weil du es nicht wie wir beim SEK gelernt hast, handelst du weder schnell noch entschlossen. Normalen Streifenpolizisten fehlt nicht nur der SEK-Trainingsstandard, sie haben meist auch nicht die entsprechenden Einsatzmittel zur Verfügung, zum Beispiel für Türöffnungen. Ich habe immer wieder an meine Freunde bei der Polizei appelliert, dass sie die Trainingsangebote zu Amok- und Terrorlagen wahrnehmen. Und werde das auch in Zukunft tun. Dennoch ärgert es mich, wenn die Öffentlichkeit von normalen Polizisten Dinge erwartet, die diese nicht leisten können.

Es fällt einem auch leichter, mit einem Fahrzeug ein Tor aufzufahren, wenn man das vorher schon mal gemacht hat. Auch beim Ausbremsen eines Fahrzeugs auf einer Autobahn, mit dem man eine dynamische Lage in eine statische verwandeln kann, sollte man nicht nur auf das – leider in der Regel unrealistische – Anschauungsmaterial in Form von Hollywoodfilmen oder deutschen Polizei-Serien setzen. Für solchen besonderen Anforderungen in einer Einsatzlage gibt es sogar beim SEK Spezialisten. Während des Grundlehrgangs bekamen wir Einblicke in alle taktischen Anforderungen und konnten uns dann für unsere Spezialisierung entscheiden.

*

Die kognitiven Aufgaben konnten richtig komplex werden. Manchmal gab es auf unseren Märschen Stationen, an denen du dir unter Belastung anhand komplexer mathematischer Aufgaben deine Marschkoordinaten ausrechnen musstest, um zur nächsten Station zu gelangen. Es konnte auch vorkommen, dass du einen Funkspruch oder eine Zahlenkombination mit zur nächsten Station nehmen musstest. Hauptsache, wir schafften es, die Informationen zu verarbeiten und zu behalten.

Selbst beim Schießen waren unsere kognitiven Fähigkeiten gefordert. Es gab Belastungsschießen, bei denen wir uns unter erschwerten Bedingungen ebenfalls bestimmte Farb- oder Zahlenreihenfolgen merken mussten. Da waren wir schon die halbe Nacht lang wach gewesen und eigentlich am Limit. Und dennoch ging es für uns durch einen Parcours, anschließend mussten wir unsere Waffe auseinander- und wieder zusammenbauen und dann die Zahlen- oder Farbkombination schießen, die wir uns zuvor eingeprägt hatten. Körper *und* Geist - beim SEK muss beides in Bestform zusammenwirken, damit man die geforderte Leistung bringen kann.

In der Ausbildung wurden wir auch an Situationen herangeführt, die man leicht unterschätzen kann, wenn man sie nicht kennt. Etwa das Verharren in einer Zugriffssituation Auge in Auge mit der Zielperson. Wenn du 10 oder 20 Minuten lang deine Arme hochhalten musst, bereit, in jeder Sekunde eine Entscheidung zu treffen und zu reagieren, kommst du recht bald an deine Grenzen.

Bei Zielpersonen mit suizidalen Absichten ist es unsere Aufgabe, den Selbstmord zu verhindern. Das ist meist komplex und wirft viele Fragen auf: *Wie geht das in der jeweiligen Situation am besten? Trägt die Person eine Waffe bei sich? Wie könnten wir sie entwaffnen?* Während all dieser Überlegungen musst du die Person womöglich auch noch ansprechen. Wenn es noch eines Beweises bedürfen würde, dass auch Männer multitaskingfähig sind, dann schaut euch SEK-Beamte an.

Wobei ich dieses Thema gleich ein wenig relativieren muss. Natürlich sind auch SEK-Beamte nicht multitaskingfähig. Kein Mensch ist das. Wir sind lediglich auf komplexere Bewegungs-, Handlungs- und Entscheidungsmuster trainiert. Auch in unserem Gehirn passiert alles nacheinander. Nur eben sehr viel schneller, sodass es für Außenstehende so wirkt, als würden wir vier Dinge gleichzeitig können.

Am besten lässt sich dieses Thema vielleicht mit dem Bild von einer Pianistin begreifen. Die spielt mit der linken Hand ohne Probleme einen komplett anderen Rhythmus und Anschlag als mit Rechts. Und wenn es das Stück erfordert, greift sie mit ihren Händen auch noch um. Mal bewegt sie einen Finger, mal drei oder vier. Sie kann das, weil sie jahrelang trainiert hat, diese unterschiedlichen hochkomplexen Anschläge und Fingerhaltungen in schnellstem Tempo hintereinander abzurufen. Du selbst kennst das vielleicht vom Autofahren - falls du noch das Fahren mit Gangschaltung gelernt hast. Während du in der Fahrschule womöglich noch das eine oder andere Mal den Motor abgewürgt hast, weil die Bewegungen von Fuß (Kupplung kommen lassen) und Hand (Gang einlegen) noch nicht aufeinander abgestimmt waren, ist dieselbe Bewegung nach einigen Monaten ein Automatismus, über den du nicht einmal mehr nachdenken musst. Und genauso ergeht es uns beim SEK mit dem Thema Taktik und dem taktischen Bewegen.

Wer Lust hat, sich tiefer mit dem Thema Taktik auseinanderzusetzen, kann das auf meinem YouTube-Kanal tun. Dort reagiere ich zum Beispiel auf Videos, in denen *Navy Seals* ihr taktisches Vorgehen mit einem Ego-Shooter zeigen. Man sieht dabei sehr gut, warum das Hineinkreuzen in Räume für uns Einsatzkräfte so gefährlich sein kann. Wie Sicherungsfelder funktionieren. Wie Beamte sicherstellen, dass sie zu jedem Zeitpunkt auf die Situation einwirken können und eben nicht Gefahr laufen, einen Kollegen zu erschießen oder selbst in Gefahr zu geraten. Dabei wird auch deutlich, welche großen Auswirkungen vermeintliche Kleinigkeiten wie eine Tür im zu sichernden Raum haben können.

Taktisches Vorgehen ist für Außenstehende oft schwer zu erkennen, weil es in der Regel unsichtbar ist. Nehmen wir das taktische Bewegen. Es gibt bestimmte Gründe, warum sich eine Einsatzgruppe zum Beispiel in einer Y-Formation oder in einer V-Formation bewegt. Welche? Das erfährst du, wenn du eine Ausbildung beim SEK machst. Im Grundlehrgang lernst du zum Beispiel auch, dass du dich als SEKie bei einer Amok- oder Terror-Lage nicht wirklich um Verwundete kümmerst. Klingt erstmal komisch und unmenschlich. Macht aber Sinn. Denn das ist schlichtweg nicht unser Job. Die Aufgabe des SEK ist es, den Täter zu stellen. Wir müssen das Gefahrenpotenzial, das von einem Täter ausgeht, so schnell wie möglich auf null bringen. Das ist unsere oberste Priorität. Wenn ein Täter sich noch immer frei bewegen kann, wir auf ihn noch keinen Zugriff haben, bedeutet das, dass es im schlimmsten Fall noch mehr Opfer gibt. Erst, wenn der Täter gestellt und festgenommen worden ist, ist die Gefahr für alle vorbei. Für uns, für mögliche Geiseln, für die Verwundeten, aber auch für Ärzte und Sanitäter, die dann ihrer Arbeit ohne Angst und ohne böse Überraschungen nachgehen können. Sehen wir auf unserem Weg zum Täter Verletzte, geben wir eine Meldung über Standort und Anzahl der Opfer und die Art ihrer Verletzungen nach draußen, damit unser Gruppenführer die Einsatzkräfte und die Mediziner informieren kann. Uns interessiert erst einmal nur der Täter.

Grundsatz Nr. 1: Wir arbeiten immer täterorientiert und versuchen uns so schnell wie möglich zum Täter zu bewegen.

Auf unserem Weg zum Täter geben wir, wenn es die Lage zulässt, gesicherte Bereiche frei, damit unsere Polizeikollegen oder die Rettungskräfte die Menschen dort evakuieren oder Verletzte versorgen können. Diese Informationen zu filtern, ist nicht immer leicht. Stell dir vor, du hast einen Sicherungsauftrag. Und du musst nebenbei noch funken, weil du Informationen an deinen Gruppenführer weitergeben musst. Vielleicht knallt es währenddessen gerade irgendwo. Es gibt

Lichtirritationen. Chaos. Stehst du noch richtig? Musst du dich wegbewegen? Braucht einer deiner Kollegen deine Unterstützung? Diese Fülle an Informationen musst du blitzschnell verarbeiten und sortieren können. Selbst unter Stress.

Genau das ist der Grund, warum du als Mitglied beim SEK über gute kognitive Fähigkeiten verfügen musst. Du musst eben nicht nur schnell laufen, springen oder hüpfen können. Das können viele. Während einer solchen körperlichen Herausforderung immer auch deine eigentliche Polizeiarbeit erledigen? Das können nur wenige. Beim Grundlehrgang trainierten wir daher auch gezielt den Einsatz unserer kognitiven Fähigkeiten unter Stress. Etwa, indem in die Sportbelastung immer wieder auch kognitive Aufgaben eingestreut wurden. Während eines Laufs mussten wir zum Beispiel mathematische Aufgaben lösen. Oder Rätselfragen. Probiere das gern mal bei deinem nächsten Lauf aus. Lass einen Freund oder eine Freundin mit dem Fahrrad neben dir herfahren und dir hin und wieder überraschend eine Matheaufgabe stellen. Kleines Einmaleins reicht für den Anfang. 7 mal 8. 3 mal 9. Großen Spaß machen auch vermeintlich leichte Additions- und Subtraktionsaufgaben wie 253 minus 16. Bitte antworte innerhalb von fünf Sekunden. Du wirst dich wundern, wie schwer es dir fallen wird.

Beim taktischen Bewegen geht es um jedes Detail. Du hältst zum Beispiel deine Waffe beim Schießen anders, je nachdem, ob du einen Helm aufhast oder nicht. Anfangs schossen wir im Lehrgang noch ohne Helm. Später mit. Durch den daumendicken Sichtschutz ist nicht nur dein Sichtfeld nach links und rechts leicht eingeschränkt. Die gebogene Scheibe des Helms verzerrt auch ein wenig Perspektive. Beim normalen »Sehen« bemerkt man diese Verzerrung kaum. Beim Schießen fällt sie jedoch auf. Unsere Trefferbilder am Schießstand mit und ohne Helm unterschieden sich deutlich voneinander. Umso verblüffender war es, dass es mit dem richtigen Training nicht lange gedauert hat, bis wir wussten, wie wir unsere Waffen zu halten hatten, um wie gewohnt zu treffen. Später wurde das Ganze ein Automatismus. Es ist dann egal, ob du mit oder ohne Helm schießt. Du bist in der Lage, deine Leistung unabhängig von den äußeren Bedingungen zu erbringen.

Anfangs war ich überrascht, was man allein beim Laufen innerhalb der Gruppe alles falsch machen kann. Du kannst zu langsam laufen. Du kannst zu schnell laufen. Du kannst zu weit links laufen. Du kannst zu dicht an der Wand laufen. Du kannst zu weit von der Wand entfernt laufen. Im Grundlehrgang lernte ich alles neu. Das Krabbeln, das Gehen, das langsame Laufen, das normale Laufen, das Sprinten. Wie das genau aussieht, hängt von den Gegebenheiten vor Ort ab. Nur weil du in der einen Situation an der Wand richtig stehst, heißt nicht, dass du in der nächsten Situation an der Wand wieder richtig bist.

Daher ist Grundsatz Nr. 2: Was richtig ist, bestimmt immer die Situation.

Es ist deine Aufgabe, aus der Vielzahl an Routinen und Richtlinien die richtige Möglichkeit auszuwählen, um deine Ziele zu erreichen. Drei Ziele solltest du dabei niemals aus den Augen verlieren: Schutz, Schnelligkeit und Sicherungsmöglichkeiten.

In der Umsetzung beim Grundlehrgang sah das so aus: Unsere Ausbilder gaben uns eine taktische Lage vor – zum Beispiel »Einzeltäter in der Wohnung mit Messer«. Wir wählten daraufhin unsere Einsatzmittel und mussten die Lage allein lösen. Entweder gab es hinterher Feedback oder wir wurden bereits während unseres »Einsatzes« von unseren Ausbildern innerhalb des Raumes oder im Gelände verschoben, um uns zu zeigen, wie sich unser Sichtfeld oder unsere Deckung in dieser oder jener Position verbessern ließ.

Ich mochte den Taktikunterricht. Taktik war ein Thema, das mir von Anfang an lag. Ich war beim SEK vielleicht körperlich nicht der Beste, aber ich hatte ja meine ganz persönliche Zehntelsekunden-Superkraft. Und von der profitierte ich jetzt. Zum Glück war ich in der Lage, Informationen in meiner Umgebung schnell zu erfassen, zu verarbeiten und die richtigen Schlüsse daraus zu ziehen. Ich merkte später auch in den echten Einsätzen immer wieder, wie hilfreich das war. Einmal passierte es mir zum Beispiel, dass neben der Tür, die wir gerade geöffnet hatten, ein riesiger Kühlschrank stand. Genau an der Stelle, an der ich unter normalen Umständen meine Position für die Sicherung des Raumes eingenommen hätte. Dumm gelaufen. Denn wo ein Kühlschrank steht, kann ein Kuni nicht sein. Selbst wenn ich beim Bankdrücken 150 Kilo stemmen könnte, hätte mir das in der Situation nicht weitergeholfen. Hier war Köpfchen statt Bizeps gefragt. In so einem Fall musst du blitzschnell reagieren und die für diese neue Situation richtige Position im Raum finden. Möglichst sofort. Und so sehr wir im Training auch versuchten, sämtliche Eventualitäten zu simulieren - irgendwann musst du frei und selbstständig schwimmen können. Die Überraschungen, die sich dir im Einsatz zwangsläufig immer wieder in den Weg stellen, sollten sich für dich nicht wie Überraschungen anfühlen. Du solltest instinktiv wissen, wie du darauf am besten reagieren kannst, ohne lange nachdenken zu müssen oder emotional aus dem Gleichgewicht zu geraten. Für mich ist es genau diese Fähigkeit, innerhalb von Sekundenbruchteilen auf ungeplante Gegebenheiten richtig reagieren zu können, das, was eine Spezialeinheit wirklich zur Spezialeinheit macht. Wir trainieren uns einerseits unglaublich viele Routinen an, müssen aber immer auch in der Lage sein, vom Plan abzuweichen und dennoch weiterhin taktisch sinnhaft zu agieren.

Grundsatz Nr. 3 lautet: Du weißt, dass du nichts weißt. Fühl dich niemals sicher.

Unser Grundlehrgang war so aufgebaut, dass die Inhalte immer komplexer wurden. Wir lernten das Laufen. Wir lernten das Schießen. Wir lernten das Schießen beim Laufen. Und natürlich, wie wir uns mit der Waffe in der Hand bewegen mussten. Vor allem, wenn wir in Formation laufen. Entscheidend ist dabei immer die Waffenmündung. Sie darf niemanden kreuzen und sollte nach oben in den Himmel und nicht in den Boden zeigen. Nicht, dass es noch zum *Flagging* kommt, wie es im Englischen heißt. Also dazu, dass du einen deiner eigenen Leute »vom Fahnenmast runterholst«.

Ein wichtiger Lerninhalt war das Hineinstechen mit der Waffe in einen Raum. Auch hier müssen - vor allem im Verbund - die Abläufe stimmen, damit keiner in das Schussfeld des anderen läuft.

Doch bevor wir in Räume hineinstechen können, müssen wir manchmal erst Türen öffnen. Es gibt beim SEK spezialisierte Öffnungstechniker, die sogenannten *Breacher*. Aber wie bei allem anderen muss jeder Beamte auch hier zumindest die Basics lernen. Für das Öffnen von Türen gibt es verschiedene Einsatzmittel. Der Klassiker sind Rammen. Es gibt Ein-Mann-Rammen, Zwei-Mann-Rammen und Vier-Mann-Rammen. Die Vier-Mann-Ramme haben wir, zumindest in meinem Beisein, nie im Einsatz benutzt. Sie wurde jedoch so manches

Mal in unser Sportprogramm integriert. Am häufigsten kommt die Zwei-Mann-Ramme zum Einsatz. Sie wiegt etwa 14 Kilogramm. Wenn zwei Leute damit arbeiten, kriegt man schon richtig Dampf drauf.

Es gibt übrigens Riten, die scheinen überall gleich zu sein. So wie die jungen Fußballer in einer Mannschaft im Training die Tore oder das Ballnetz tragen müssen, »dürfen« die frischen SEK-Beamten am Anfang sehr häufig das Einsatzgerät, insbesondere die schweren Rammen, zum Einsatzort schleppen. Macht aber auch Sinn, denn anfangs werden Neulinge in der Formation in der Regel weiter hinten eingesetzt und sorgen mit ihrem Einsatz dafür, dass die Kollegen auf dem Weg zum Einsatz etwas weniger Körner gelassen haben und voll da sind, wenn es dann losgeht.

Wie gesagt, für die meisten Türen reicht unsere Zwei-Mann-Ramme aus. Eine klassische Tür ist innen hohl und lediglich mit einer Röhren- oder Vollspanplatte stabilisiert. Wir SEKies mögen Holztüren lieber als Kunststofftüren. Bei den letzteren kann es passieren, dass du ordentlich dagegen wummerst, sich die Tür aber wie in einem Cartoon von Mickey Mouse oder Donald Duck biegt und zurückfedert. So bekommst du sie natürlich nicht aus den Scharnieren oben oder unten herausgedrückt. In solchen Fällen greifen wir daher lieber zur Hydraulik. Stahltüren werden gesprengt. Das allerdings dürfen nur die Öffnungstechniker, die dafür einen extra Sprenglehrgang absolviert haben. Mit einem guten *Breacher* kommst du wirklich überall rein.

Beim Öffnen von Türen hilft es auch, dass wir Details wahrnehmen, auf die normale Polizisten in der Regel nicht achten: Ist die Tür links oder rechts angeschlagen? Öffnet sie nach innen oder nach außen? Würden wir solche vermeintlich banalen Fakten nicht in unseren Einsatzplan integrieren, ginge uns bei der Öffnung vielleicht genau die Zeit verloren, die uns geblieben wäre, um die Zielperson zu überraschen. Es macht einen riesigen Unterschied, ob du ein-, zweimal mit der Ramme gegen eine Tür arbeitest, oder fünfmal. In letzterem Fall hat die Zielperson womöglich genügend Zeit, aufzuwachen, sich zu sammeln, sich zu bewaffnen, die eigene Familie als Geiseln zu nehmen, Beweise zu zerstören - eben lauter Dinge zu tun, die unsere Arbeit schwerer machen.

Die Taktik, mit der wir vorgehen, wird auch von der Uhrzeit unseres Einsatzes bestimmt. Am helllichten Tag werden wir in der Regel mit einer anderen Geschwindigkeit arbeiten als nachts um 2 Uhr oder morgens um 6 Uhr. Es gibt einen Grund, warum Razzien - auch eine SEK-Aufgabe - gerne in den frühen Morgenstunden durchgeführt werden. Wir treffen die zu kontrollierenden Personen zu diesem Zeitpunkt nämlich in der Regel schlafend an. Oder sie sind gerade erst aufgestanden und noch nicht ganz wach. Vorteil für uns.

Ob wir langsam oder schnell reingehen, hängt aber nicht nur von der Uhrzeit ab. Auch die Location oder unsere Aufklärungsergebnisse können sich auf unsere Taktik auswirken. Wird eine Person länger überwacht, wissen wir womöglich um deren Rituale wie bestimmte Fernsehsendungen, die jemand immer anschaut und nicht verpassen will. Vielleicht wissen wir durch die Aufklärungsmaßnahmen des MEK auch, wo genau sich die Person gerade im Haus befindet. Oder ob es einen Hund gibt oder nicht. Auch den planen wir bei unserem Vorgehen ein.

Ein Beispiel: Wohnhaus. Zwei Stockwerke. Kellereingang liegt außen. Wir wissen, dass die Zielperson sich um die

Einsatzzeit in der Regel im oberen Geschoss befindet. Es gibt eine Treppe. Treppen sind in Einfamilienhäusern keine einfachen Hindernisse. Sie sind oft schmal, anders als die Treppen in einem Mietshaus. Wir müssen also überlegen: Wie rasch kommen wir die Treppe im Haus hoch? Wie groß sind die Räume unten im Haus und wie schnell bekommen wir die gesichert? Aus den Antworten, die wir auf diese Fragen finden, leitet sich dann unser Einsatzplan ab, in dem sich mitunter sogar unterschiedliche Geschwindigkeitsansätze befinden können. Erst schnell. Dann langsam. Und umgekehrt.

Sofern es die Zeit zulässt, überprüfen wir die Aufklärungsergebnisse immer noch einmal selbst. Oder machen sogar noch einmal eine Aufklärung. Das Problem ist oft: Andere Polizeieinheiten sprechen eventuell nicht dieselbe Sprache wie das SEK. Für die ist eine Tür eben eine Tür und ein Tor ein Tor. Material und Beschläge? »Darauf haben wir nicht geachtet.« Die Kommunikation der verschiedenen Polizeieinheiten wird zwar besser, weil wir auch gemeinsame Fortbildungen machen, in denen wir erklären, welche Informationen für uns beim SEK besonders nützlich sind, aber der Weg dorthin, dass wir einander blind verstehen, ist noch weit. Wir versuchen immer, so viele Aufklärungsergebnisse wie möglich zu bekommen. Je mehr wir wissen, desto besser können wir arbeiten. Aufklärungsergebnisse sind natürlich keine Garantie dafür, dass ein Einsatz wie geplant abläuft, aber sie helfen uns, die Lage besser einzuschätzen und Überraschungen zu minimieren.

Zum Thema Aufklärung gehört tatsächlich auch, dass wir lernen, in verschiedene zivile Rollen zu schlüpfen. Dann klingelt eben mal »die Hausverwaltung« an der Tür, um den Strom- oder Wasserzähler zu kontrollieren. Auf der Suche nach einem

Leck. Weil es irgendwo im Haus oder in der Straße einen zu großen Verbrauch gibt und die Quelle aufgespürt werden soll. Oder wir sind Bauarbeiter. In der Nacht müssen wir uns etwas anderes einfallen lassen. Betrunkene gehen immer. Allzu oft kommt das aber nicht vor. In der Regel wissen die Leute, dass Polizei da ist. Schließlich werden wir von den Kollegen um Hilfe gerufen, wenn es für sie zu brenzlig wird.

Komplex kann es werden, wenn wir den Zugriff an belebten Orten durchführen müssen oder wenn die Zielperson nicht allein ist. Wir lernen daher, uns nicht nur auf verschiedene Tatwaffen, sondern auch auf verschiedene Personensituationen einzustellen. Wie trennen wir Zielperson und Zivilisten? Wie gehen wir mit einem Raum um, in dem sich nur Zivilisten befinden? Müssen wir sie sichern? Oder können sie frei bleiben? Männliche Personen ab einem gewissen Alter werden in der Regel immer gefesselt. Tut uns leid, wenn wir nicht auf die Beteuerungen hören, dass derjenige sich nicht rühren wird, aber Vertrauen zueinander müssen wir leider später aufbauen. Unser Vorgehen ist keine böse Absicht.

Unsere Erfahrung zeigt, dass Männer uns in der Regel durch ihr Mehr an Körperkraft wirklich gefährlich werden können. Bei Frauen müssen wir einschätzen, welche Kräfte sie möglicherweise mobilisieren könnten oder ob sie sich kooperativ verhalten. Wenn sich auch Kinder unter den Zivilpersonen befinden, versuchen wir sie möglichst schnell mit ihrer Mutter oder anderen Frauen zusammenzubringen. Überhaupt ist das Ziel, Kinder so schnell wie möglich von dort wegzubringen, wo es ungemütlich werden kann. Weg von den Männern und der Zielperson sowieso. Frauen und Kinder bringen wir zum Beispiel gern in einem separaten Raum unter. Noch so eine Entscheidung, die wir im »Vorbeigehen« treffen müssen: Welcher Raum eignet sich dafür, Zivilpersonen vom Geschehen fernzuhalten? Frauen, die ungefesselt sind, können sich zudem um Kinder kümmern. Unsere Erfahrung zeigt, dass das oft eine große Motivation für Frauen ist, sich kooperativ zu verhalten.

Wir wissen um den schockierenden Eindruck, den es auf ein Kind, auf Jugendliche, aber auch auf Erwachsene machen kann, wenn das SEK plötzlich mit einem Riesenkrach in ihr Haus eindringt. Häuser und Wohnungen werden als *Safe Space* empfunden. Hier sind Menschen privat. Sie fühlen sich geborgen und sicher. Und dann stehen wir plötzlich vor ihnen. Wir tragen Waffen, Helme, Masken, vielleicht noch die Nachtsichtbrille vor den Augen. Es ist normal und natürlich, dass Zivilpersonen Angst vor uns haben. Im Grundlehrgang lernten wir, wie wir durch unsere Ansprache diese Angst hoffentlich etwas abklingen lassen können. Später habe ich auch erlebt, wie Kollegen, die allein als Aufpasser mit Kindern in einem Raum waren, ihre Maske abnahmen, um für die Kindern nicht mehr so bedrohlich auszusehen. Viele von uns haben schließlich selbst Kinder zu Hause – so wie ich. Es mag komisch klingen, aber wir versuchen stets, die Situation für die beteiligten Zivilpersonen so angenehm wie möglich zu machen.

Natürlich müssen wir dabei immer vorsichtig bleiben. Auch eine Frau oder ein Kind sind in der Lage, eine Pistole in die Hand zu nehmen und abzudrücken. Vielleicht haben sie es sogar gelernt. Im Einsatz fehlt uns die Zeit, ein Zimmer komplett auf Waffen zu überprüfen. Wir suchen einen Raum daher nur taktisch ab und schaffen eine sichere Zone, in der sich die Zivilpersonen aufhalten können. Ein Bett zum Beispiel, bei dem wir unter die Kissen und die Matratze geschaut haben. Oder eine Ecke des Raumes, in der es keinen Zugriff auf Schränke oder Schubladen gibt. Es den Zivilpersonen so angenehm wie möglich zu machen, heißt nicht, dass sie sich frei bewegen und Faxen machen können. Mit diesem minimalen Aufwand beim Durchsuchen versuchen wir eine maximal nützliche Situation zu schaffen, in der wir sicher arbeiten können und mit der auch kooperative Zivilpersonen klarkommen.

Ob wir Frauen und Kinder ungefesselt lassen können, hängt auch von den personellen Ressourcen ab, die wir haben. Ungefesselte Personen benötigen immer einen Aufpasser. Gefesselte Personen eigentlich auch. Im allerschlimmsten Fall, wenn deine Kollegen dich dringend brauchen, kannst du eine gefesselte Person natürlich allein lassen. Erlebt habe ich einen solchen Fall jedoch nie. Wir sind immer mit genügend Ressourcen in unsere Einsätze gegangen.

Gefesselt wird mit Kabelbinder. Die Kabelbinder, mit denen wir arbeiten, sind etwas breiter als normal, damit sie nicht einschneiden. Außerdem sind sie dadurch robuster und können nicht mal eben schnell mit einem Messer oder einer Schere durchtrennt werden.

Zivilpersonen, die sich als Unbeteiligte tarnen, aber eigentlich mit der Zielperson unter einer Decke stecken und zum Äußersten bereit sind, die dich psychologisch täuschen und sich aus einer Fesselung mit Fingerfertigkeit und Büroklammer im Hintern selbst befreien können, sind ... ein Hirngespinst der Filmindustrie. Diese falschen Vorstellungen sind aber schwer bis gar nicht aus den Köpfen der Leute zu bekommen. Eine echte *Mission Impossible.* Ich versuche es trotzdem. Wenn ein SEK erfolgreich arbeitet, sind unsere Einsätze nicht spektakulär.

Im Grunde ist es sogar unsere Aufgabe, dafür zu sorgen, dass es eben nicht spektakulär wird. Läuft alles vernünftig und sind wir gut vorbereitet, haben wir einen Grundriss von dem Gebäude oder einen Plan vom Gelände. Wir wissen also, wo wir hinmüssen. Wir entscheiden uns für eine Infiltration an der Rück- oder Vorderseite. Wir gehen rein und im besten Fall gibt es danach einfach nur ein taktisches, flüssiges Vorgehen, bei dem alle Räume gesichert werden und wir am Ende eine Festnahme durchführen. Das ist unsere Arbeit. Wenn es spektakulär wird, heißt das meist, dass etwas schiefgelaufen ist.

Der Umgang und die Kommunikation mit Zivilpersonen und Zielpersonen ist das Eine. Die Kommunikation untereinander das Andere. Unsere taktische Kommunikation ist kurz, prägnant und zielführend. Wir sind alle über Funk untereinander und mit unserem Einsatzleiter verbunden. Unser Einsatzleiter ist meist doppelt verkabelt und hält auch Kontakt zur Einsatzführung nach draußen. Zwischen uns heißt es dann »Kuni für Gabi« oder »Gabi für Kuni« und wir tauschen die für den Einsatz relevanten Informationen aus. Hat jemand eine Kerninformation, die für alle wichtig ist, sind wir in der Lage, mit einem bestimmten Funkbefehl alle Mitglieder der Einsatzgruppe zu übersprechen. In diesem Moment werden alle anderen Talks automatisch stummgeschaltet und du kannst die wichtige Information unmittelbar an alle weitergeben. Etwa, wenn irgendwo Schüsse gefallen sind. Vor allem dann wollen alle schnell wissen, wer da geschossen hat und ob jemand getroffen wurde. Um jedem die Orientierung zu erleichtern und seinen Standort für alle verständlich zu übermitteln, wird das Gebäude im Vorfeld von uns »getauft«. Es gibt eine 12-Uhr-, eine 6-Uhr-, eine 9-Uhr- und eine 3-Uhr-Seite. Außerdem arbeiten wir mit einer Null-Ebene, einer 1-Ebene, einer 2-Ebene, einer Minus-1-Ebene oder einer Minus-2-Ebene. So weiß jeder, in welcher Etage seine Kollegen gerade stecken.

Der Fahrstuhl ist für uns tabu. Nicht auszudenken, was passieren würde, wenn wir stecken bleiben würden. Außerdem können wir uns mit dem Fahrstuhl nicht als größere Gruppe bewegen. Und sollte uns ein Täter an der Fahrstuhltür erwarten, sind wir ihm ausgeliefert. Er sieht und hört uns kommen. Die Tür geht auf. Egal, wohin er schießt, er trifft immer jemanden. Nein, der Fahrstuhl fährt ohne uns.

Das heißt, dass wir unsere gesamte Ausrüstung über das Treppenhaus tragen müssen. Die Ramme in die 10. oder 11. Etage eines Hochhauses zu bringen ist kein Spaß. Mit der Ramme und der eigenen Ausrüstung trägst du mal eben 40 oder 50 zusätzliche Kilos mit dir herum. Genau diese Ausnahmesituationen sind es, auf die wir durch unser Sportprogramm vorbereitet werden. Es reicht eben nicht, dass du dich selbst und die Ramme in die 10. Etage bringst, du musst dort angekommen auch sofort in der Lage sein, weiterzumachen. Erstmal eine halbe Stunde ausruhen und wieder zu Atem und Kräften kommen ist nicht drin. Hinzu kommt: Wir müssen uns möglichst leise durch ein Treppenhaus bewegen. Mit einer Ramme, der Hydraulik zum Türöffnen – im »besten« Fall mit beidem – oder einem ballistischen Schild in der Hand ist das keine einfache Aufgabe. Zum Glück haben wir es uns schon in der Ausbildung abgewöhnt, zu fluchen oder lauthals zu stöhnen. Erster Punkt. Zweiter Punkt: Wir haben gelernt, uns leise zu bewegen. Natürlich sind wir keine lautlosen Ninjas. Aber ein bisschen geht es in die Richtung. Wir federn immer leicht in den Knien, damit unsere Schritte nicht – wie es bei einem durchgedrückten, steifen Knie passieren würde - schwer auf den Boden knallen.

Sich durch Räume in Wohnungen und Häusern zu bewegen ist das eine. Das andere sind große Bürogebäude oder Fabrikhallen. Auch sie können für uns zu Einsatzorten werden. Fabrikhallen sind das Schwierigste, ein absolutes Horror-Szenario. Stehst du in einer Wohnung, arbeitest du mit einer 360-Grad-Sicherung. Die funktioniert ganz simpel: Wenn du dich einmal im Kreis drehst und dabei einfach nur stumpf geradeaus guckst, hast du im Grunde genommen alles im Blickfeld. In einer Fabrik funktioniert das nicht. Dort befindest du dich womöglich in einer riesigen Halle. Es gibt dicke Leitungen oder Rohre, die dir die Sicht versperren, Gerüste und Aufgänge. In so einer Halle musst du eine 720-Grad-Sicherung machen. Unter anderem auch nach oben. Wenn ich noch fluchen dürfte, in so einer Halle würde ich es tun.

Fabriken standen zum Glück ziemlich weit hinten auf dem Lehrplan. Wir erarbeiteten uns erst mit den zahlreichen anderen Lerninhalten ein sehr breites taktisches Fundament. Doch dann warfen uns unsere Ausbilder mir nichts, dir nichts auch in einen solchen komplexen Einsatzort hinein. Wir scheiterten grandios. Und lernten erstmal, dass egal, wie viel wir schon wussten, es immer noch etwas gab, das uns nicht nur heraussondern sogar überfordern konnte. Danach tasteten wir uns Schritt für Schritt an die Möglichkeiten heran, wie wir eine solche Lage am besten lösen konnten. Wenigstens gestaltet sich der Transport der schweren Ausrüstung in einer Halle etwas leichter. Für die langen Wege können wir dort, wo es Sinn macht, Elektroroller einsetzen. Sie sind leise und schnell und erleichtern unsere Arbeit enorm. Das kann neben Fabrikhallen auch in einem Krankenhaus- oder Schulkomplex, in einer Universität oder weitläufigem Bürogebäude gelten.

Ein geniales Einsatzfahrzeug ist ein für unsere Zwecke umgebauter VW Amarok. Es handelt sich dabei um ein sogenanntes Höheninterventionsfahrzeug. Es verfügt über eine Drehleiter, ähnlich wie bei einem Feuerwehrauto. Allerdings ist der VW Amarok sehr viel wendiger und die Leiter ist nicht ganz so lang. Wir können damit zum Beispiel an Flugzeuge heranfahren, ohne auf ziviles Gerät, also die Rollfeldtreppen des Flughafens, angewiesen zu sein. Neben dem speziellen Einsatzort Flughafen verbessert der Amarok unsere Möglichkeiten auch bei klassischen Einsätzen enorm. Wir können damit über den Balkon in ein Wohnung gelangen oder in der zweiten Etage eines Hauses einsteigen und uns von oben nach unten vorarbeiten. Neben manchen Häusern befindet sich eine Garage, über der ein Fenster ist, über das wir in eine Wohnung gelangen können. Auch hier leistet uns die mobile Leiter sehr gute Dienste. Sogar hohe Zäune können wir mit ihr viel leichter überwinden, wenn wir uns einem Objekt von hinten nähern. Wir fahren einfach an den Zaun heran, stellen die Leiter über den Zaun und klettern am Ende der Leiter, an dem sich ein Seil befindet, herunter. Schneller und einfacher geht's nicht.

Apropos Höhenintervention, einer der bekanntesten SEK-Klassiker ist wohl das Abseilen von Dächern und der Einstieg in Wohnungen über ein Fenster, das möglichst sogar noch mit den Füßen kaputtgetreten wird. Wir lernen das auch tatsächlich. Aber wenn man ehrlich ist, dann ist das vor allem Effekthascherei. So etwas produziert spektakuläre Bilder, wie sie von der Politik und der Presse geliebt werden. Im tatsächlichen

Einsatz - sorry für die kalte Realitätsdusche - arbeiten wir anders.

Viele Menschen unterschätzen leider, wie stabil ein modernes Fenster ist. Ein doppelt oder gar dreifach oder vierfach verglastes Fenster, wie sie heute üblich sind, isoliert nicht nur gegen Schall und Außentemperaturen. Es ist auch ein ziemlich guter SEK-Blocker. So ein Fenster bekommst du nicht mal eben so easy-peasy kaputtgetreten. In Filmen, in denen Agenten und Spezialeinsatzkräfte alle Nase lang durch Fenster fliegen, sieht es ganz einfach aus. In der Realität ist es das nicht. Außerdem ist das Kaputttreten eines Fensters auch taktisch nicht die beste Variante. Selbst wenn es funktionieren würde, entstünden dabei scharfe Glaskanten, an denen du dich übel verletzen kannst. Oder noch schlimmer: Das Seil wird von der Glaskante angeschnitten und reißt womöglich unter der Last der nachfolgenden Kollegen.

Das Fenster mit der Waffe kaputtzuschießen, bevor wir einsteigen, ist ebenfalls keine kluge Option. In der Regel zersplittert ein Fenster durch Schüsse nicht in dem Maß, wie wir es benötigen würden. Es ist kein Sicherheitsglas, wie wir es vom Auto oder Zügen kennen. Das würde sofort in tausend Stücke springen. Sicherheitsglas ist zudem so produziert, dass die Splitter weniger scharf sind. Im Falle eines Unfalls müssen schließlich die Passagiere über die Splitter klettern können, ohne sich die Pulsadern aufzuschneiden. Bei einem normalen Fenster verursacht ein Schuss eher ein Loch oder bestenfalls einige Sprünge im Glas.

Was ebenfalls gegen das Schießen spricht: Schüsse könnten in Form von Querschlägern einen unkalkulierbaren Schaden anrichten. Wahrscheinlich ist es auch möglich, Spezialisten darauf zu trainieren, selbst noch am Seil hängend sichere Schüsse abzugeben. Aber warum sollte man das tun, wenn es viel einfachere Optionen gibt, durch das Fenster zu gelangen?

Das Fenster vor der Infiltration kaputt zu machen, ist schon mal die richtige Idee. Ich hatte ja erwähnt, dass man mit einem richtig guten Öffnungstechniker überall reinkommt. Auch durch ein Fenster. Dazu wird es mit einer speziellen kleinen Sprengladung versehen. Die kann zum Beispiel mit einer langen Teleskopstange passend angebracht werden. Zündung – Explosion – schon ist der Weg frei, ohne dass wir Gefahr laufen, uns selbst zu verletzen oder das Fenster erst gar nicht aufzubekommen. Zu einer solchen Öffnung gehört auch, ein Fenster oder eine Terrassentür immer komplett zu entglasen. Nicht, dass irgendwo im Rahmen noch ein schweres Stück Glas steckt, das einem Kollegen in den Nacken oder aufs Bein fällt. Wie bei einer Schildkröte gibt es auch bei unserer Panzerung Stellen, die nicht so gut geschützt sind.

Eine Panzerung muss immer drei Grundbefähigungen gerecht werden. Das sind Feuerkraft, Panzerung und Geschwindigkeit. Dabei lässt sich nicht alles auf 10 leveln, ohne zu Lasten der anderen Kategorien zu gehen. Das geht nicht. Wenn du deine eigene Feuerkraft auf 10 hast und die Panzerung auf 10, musst du bei der Geschwindigkeit Abstriche machen. Es gibt daher je nach Einsatzlage verschieden schwere Panzerungen, damit wir zum Beispiel, wenn es darauf ankommt, schneller sind. Teilweise arbeiten wir auch mit gemischten Panzerungen im Team, je nach Position und Szenario.

Ein weiteres Thema im Grundlehrgang war der öffentliche Personennahverkehr. Dazu gehören Straßenbahnen, Busse, Züge und Schiffe – Fährschiffe zum Beispiel. Wir lernten, wie wir uns jedem dieser Verkehrsmittel am besten nähern. Wo und wie wir Bahn oder Bus entglasen, um Zugang zu bekommen. Wie wir uns in der tunneligen Enge dieser Verkehrsmittel bewegen.

Das taktisch schwierigste sind Schiffe. Die sind im Grunde genommen schwimmende Fabrikhallen, in denen wir wieder nach allen Seiten - zum Beispiel auch nach oben zur Brücke - absichern müssen. In einem ICE, einem Bus oder einer Straßenbahn können wir dagegen auf einer Ebene arbeiten. Selbst wenn wir uns in einem Doppelstockzug befinden, schützt uns die Decke. Wir können lediglich umlaufen werden und dürfen natürlich auch den Sichtpunkt hinten nicht außer Acht lassen. Wir können jedoch nicht sichtbar von oben beschossen werden. Schüsse durch die Decke oder den Boden, wie sie in Filmen und Actionserien gern eingebaut werden, sind ein Angriffs- oder Verteidigungsmittel, das rein vom Zufall bestimmt wird. Nehmen wir zum Beispiel den Schuss durch eine Autoscheibe. Bei unseren Schießtrainings haben wir auch mit Autotüren oder Autofenstern gearbeitet, um ein Gefühl dafür zu bekommen, wie sich das Projektil dabei verhält. Während man in Filmen oft sieht, wie Leute einfach easy durch eine Scheibe schießen, noch dazu bei einem fahrenden Auto, durften wir uns mit der Realität vertraut machen. Das Schießen auf eine Autoscheibe ist tricky. Fakt ist: Der Schuss wird in der Regel extrem abgefälscht. Das ist nicht nur bei Autoscheiben so, sondern auch bei Busfenstern. Je nachdem, in welchem Winkel du da reinschießt, kann ein Schuss um zwei, drei, vier oder gar fünf Zentimeter nach links oder rechts verrutschen. Und ein Winkel ist fast immer vorhanden. Wir stehen ja nicht automatisch in einem 90-Grad-Winkel zur Scheibe. In einer statischen Lage würden wir versuchen, uns entsprechend zu positionieren. In einer dynamischen Lage, also bei einem Fahrzeug in Bewegung, ist die ideale Schussposition sowieso kaum zu erreichen.

Ist Gefahr im Verzug, also, würden wir beispielsweise sehen, dass jemand in einem Bus beginnt, Geiseln zu erschießen, würden wir natürlich auch einen solchen Schuss durch die Scheibe in Kauf nehmen. Besser wäre es jedoch, jemand würde von innen schießen oder das Fahrzeug wäre bereits entglast. Ist das nicht der Fall, solltest du als Schütze darauf vorbereitet sein, dass ein einzelner Schuss womöglich nicht ausreicht. Selbst wenn du die Zielperson exakt im Visier hattest. Wie immer sind es kleine Details, die über den Erfolg oder Misserfolg entscheiden. Es ist unsere Aufgabe, in jeder Situation aus all den möglichen Handlungsoptionen die richtige auszuwählen. Wir müssen entscheiden, wie viel Risiko wir bereit sind in Kauf zu nehmen. Und der Schuss durch eine Scheibe ist eben mit sehr viel Risiko verbunden.

Abgesehen von der Scheibe ist ein Auto butterweich. Durch die Türen lässt sich sehr viel leichter schießen. Blöd nur, dass es dabei kein Zielbild gibt. Beim Umgang mit Fahrzeugen lernten wir die verschiedenen Möglichkeiten kennen, aus einer dynamischen Lage eine statische Lage zu machen. Sprich, das Fahrzeug zum Stehen zu bringen. Einfach eine Kugel in die Reifen oder in den Motorblock jagen? Eher nicht. Wir wollen möglichst vorhersehbare Ergebnisse erzielen und keine filmreifen Polizei-jagt-Gangster-Szenen. Nur so viel: Nicht immer reicht ein Schuss in den Motorblock, um ein Auto fahruntüchtig zu machen. Es gibt andere, verlässlichere Mittel. Und ohne hier ins Detail zu gehen – mit denen arbeiten wir auch.

Für all diese unterschiedlichen Einsatzlagen studierten wir Taktiken inklusive Bewegungsmuster mit festgelegten Sicherheitsbereichen ein, die sich immer wieder kreuzten. Wenn eine Tür gesprengt wird, nehmen wir andere Positionen ein, als wenn mit der Ramme gearbeitet wird. Wir lernten, wie weit wir bei einer Sprengung vom Einsatzort entfernt stehen müssen und wann wir loslaufen können. Wir lernten, wie wir uns bewegen müssen, wenn wir den Sprenger als Sicherungsschütze begleiten, während er die Ladung anbringt. Und wir lernten, auf jedes noch so kleine Detail zu achten.

Der Zugriff auf mehrere Täter verlangt – neben der Kooperation mit anderen Kommandos – ebenfalls andere Bewegungsmuster als bei einer Einzelperson. So intensiv wir diese Routinen trainierten, so sehr drangen unsere Ausbilder darauf, dass wir in den simulierten Lagen wach blieben und nicht abschalteten. Unser Einsatz ist erst zu Ende, wenn alle Täter gefasst und alle Bereiche gesichert sind. Zehn Punkte Vorsprung in der Meisterschaft und noch zehn Spiele zu spielen? Eine schöne Momentaufnahme. Aber du hast noch nichts gewonnen. Unsere Ausbilder wurden nicht müde zu betonen, dass es im Einsatz immer anders kommt, als man denkt. Unser Kopf müsse immer wach sein, um jede kleinste Bewegung in unserem Sicherungsbereich wahrzunehmen. Und manchmal – so erfuhren wir – gehört trotz allen Trainings am Ende auch immer ein bisschen Glück dazu, dass man eben genau im entscheidenden Moment in die richtige Richtung schaue, wenn sich ein Angreifer plötzlich rührt oder aus seiner Deckung bewegt. So ehrlich müssen wir sein: Wir können nicht alles kontrollieren. Auch wenn wir es versuchen.

Während wir bis zur Tür, bis zum Beginn der Infiltration, möglichst leise agieren, sind wir ab Zugriff laut. Richtig laut. Und geben uns als Polizisten zu erkennen. Das war nicht immer so. Doch 2010 wurde einer unserer Kollegen bei einem Einsatz erschossen.

Die Kollegen sollten im Rahmen einer Razzia das Haus eines gewissen Karl B. durchsuchen, Mitglied der Rockerbande *Hells Angels*. Dazu muss man wissen, dass die *Hells Angels* seit vielen Jahren mit den konkurrierenden *Bandidos* verfeindet sind. Zwischen den beiden Gruppen kommt es bis heute immer wieder zu gewalttätigen Auseinandersetzungen, bei denen Mitglieder getötet werden. Sie werden aus dem Auto heraus auf offener Straße erschossen. Bei der Arbeit. Oder im Wald. Dabei greifen die Mitglieder nicht nur die jeweils andere Seite an, sondern tragen ihre Rangkämpfe auch untereinander aus. Auch hier mit manchmal tödlichem Ausgang. In diese Gemengelage fiel der Versuch des SEK, das Haus von Karl B. zu durchsuchen.

Als Karl B. von den Aufbrechgeräuschen an der Tür aufgeschreckt wurde, dachte er, es würde sich um einen Überfall der *Bandidos* handeln. »Verpisst euch!«, rief er in Richtung der Beamten und schaltete das Licht im Treppenhaus an. Spätestens hier hätten die Beamten wissen müssen, dass ihre Zielperson gewarnt war. Doch statt sich als Polizisten zu erkennen zu geben, zogen sie ihren Einsatz weiter wortlos durch.

Zwei Schüsse gab Karl B. durch die geschlossene Wohnungstür ab. Einer davon war für einen der SEK-Beamten tödlich.

Die juristische Aufarbeitung des Falles hatte Konsequenzen für das SEK. Denn Karl B. wurde vom Vorwurf des Totschlags tatsächlich freigesprochen. Laut Gesetz ist die irrtümliche Annahme einer Notwehrlage im Ergebnis ebenso zu behandeln wie ein Fall tatsächlich gegebener Notwehr. Hätte sich das SEK früh genug zu erkennen gegeben, hätten die Richter wohl anders entschieden. Seitdem gehen wir mit einem lauten »Polizei«-Ruf in den Einsatz. Das wird einen Täter vielleicht nicht davon abhalten, auf uns zu schießen, aber es sorgt dafür, dass er vor Gericht für seine Schüsse auf uns verurteilt werden kann.

Wegen solcher Zusammenhänge beschäftigen wir uns immer wieder auch mit juristischen Themen: Wo endet die Verhältnismäßigkeit? Wann beginnt die Notwehr? Unsere Aufgabe ist es, das staatliche Gewaltmonopol auf Grundlage der geltenden Gesetze durchzusetzen. Wir dürfen uns auf keinen Fall zu Kurzschlusshandlungen hinreißen lassen. Weder körperlicher noch verbaler Art. Die Verweildauer von Hitzköpfen im Grundlehrgang ist entsprechend kurz. Das SEK braucht keine Rambos. Auch wenn in der Öffentlichkeit noch immer ein anderes Bild von uns herrscht.

Was mir auffiel: Obwohl unsere Ausbildung bereits ein paar Wochen andauerte, machten wir ständig Fehler. Beziehungsweise dachten wir das. Unsere Ausbilder korrigierten uns ständig. Sie gaben uns nonstop Hinweise, worauf wir achten mussten und was wir besser machen konnten. Und obwohl wir schnell lernten und immer eingespielter wurden, schienen sie immer etwas auszusetzen zu finden. Konnten wir es denn gar nicht richtig machen?

Unsere Ausbilder versuchten uns zu vermitteln, dass Fehler normal sind. Dass sie immer passieren werden. Und dass es nicht unsere Aufgabe war, keine Fehler zu machen, sondern so wenige wie möglich. Dass wir uns im Einsatz auch gegenseitig unterstützen sollten, wenn wir sahen, dass jemand falsch lief oder seine Aufgabe nicht richtig erfüllte.

Nicht nur ich musste mich an diese Form der Fehlerkultur erst gewöhnen. Vor allem wurden wir angehalten, uns in der Vor- oder Nachbesprechung nicht zu rechtfertigen. Oder nach Ausreden zu suchen, warum wir etwas gemacht oder nicht gemacht hatten. Wir sollten die taktischen Vorgaben umsetzen. Um für unsere Kameraden berechenbar zu sein. Und in der Regel ergaben die taktischen Vorgaben ja auch Sinn und mussten nicht hinterfragt werden. Zum Beispiel, wenn wir einem Buddy »Platte geben« sollten: Die seitliche Panzerung unserer Ausrüstung ist am schwächsten. Also stellst du dich frontal an die Seite deines Kollegen und verstärkst mit deiner Platte seine Rüstung. Zum Beispiel, um auf diese Weise einen Flur zu überbrücken. In so einem Fall musst du nicht kreativ werden, sondern einfach nur deinen Job erfüllen. Die ständigen Erinnerungen unserer Ausbilder sollten dazu führen, dass uns bestimmte Vorgaben in Fleisch und Blut übergingen. Und wenn sie das getan hatten, kam der nächste Schritt: Wir simulierten zusätzlich noch Stress.

Dieser Stress wurde zum Beispiel durch massive Gegenwehr erzeugt. Wie es bei einer Terrorlage eben der Fall sein könnte. *Train as you fight,* lautete das Motto. Wir wurden massiv beschossen. Sprengkörper wurden auf uns geworfen. An ein geschmeidiges taktisches Vorgehen war dabei auf den ersten Blick nicht zu denken. Und dennoch sollte unser Einsatz selbst in solchen Lagen darauf hinauslaufen. Der Einsatz von Farbmunition sorgte für zusätzlichen Realismus. Klar trugen wir eine Panzerung. Aber eben nicht überall. Ein Steckschuss in der Wade tut auch mit Farbmunition richtig weh. Ich lernte, dass Schmerzen ein guter Lehrmeister sind: Wenn du dich schlecht positionierst oder im falschen Moment deine

Deckung verlässt, kann es passieren, dass du einen Schuss auf die Hand bekommst. Anschließend wird das dazugehörige Hämatom dafür sorgen, dass du fünf Tage nicht richtig zugreifen kannst.

Ich merkte, wie bei diesen Übungen bei allen die Ernsthaftigkeit stieg. Wir erlebten, wie sich eine Lage veränderte, wenn wir plötzlich Verluste erlitten: Ist Zeit für die Erstversorgung? Das bedeutet zwei Mann weniger im Kommando - der Verletzte und der Sanitäter. Wie sortieren wir uns neu ohne die beiden Kameraden? Welche Aufgabe hatte der Verletzte? Kann sie ein anderer übernehmen? War der Verletzte ein Sicherungsschütze, müssen wir schauen, wie wir die Sicherung so schnell wie möglich wieder herstellen.

Währenddessen ist es um dich herum laut. Es wird permanent geschossen. Überall knallt es. Neben den Schüssen prasseln Kommandos und Informationen auf dich ein. Zugleich werden von dir klare Antworten auf Fragen und präzise Informationen erwartet. In so einem Fall willst du keinen Fehler machen und als Nächster getroffen werden. Auch, weil du weißt, dass der Einsatz dann im Grunde genommen vorbei sein kann und die anderen auf verlorenem Posten stehen. Und ja, nicht alle Trainingseinsätze konnten wir erfolgreich beenden.

Terrorlagen, in denen es zu einem Orts- oder Häuserkampf, einem sogenannten *Close Quarter Battle*, kommt, sind in der Regel keine polizeilichen Lagen mehr. Wir trainieren daher manchmal auch zusammen mit anderen deutschen Spezialeinheiten wie der GSG 9 oder dem KSK, um Wissen auszutauschen. Es kommt hin und wieder auch zu internationalen Übungen mit den Polizeieinheiten anderer Staaten. Und natürlich tauschen sich auch die SEKs der einzelnen Bundesländer miteinander aus. Dieser Austausch ist nicht vorgegeben oder verpflichtend. Er lebt davon, dass wir SEKies ihn selbst organisieren und am Leben erhalten. Etwa durch persönliche Kontakte.

Diese gemeinsamen Übungen führen dazu, dass wir noch sensibler für taktische Feinheiten werden. Polizeitaktik ist Ländersache. Daher unterscheidet sich manchmal auch das jeweilige Vorgehen. Ich sollte ein paar Jahre später von diesen gemeinsamen Trainings profitieren, als ich mit Mitgliedern eines SEK aus einem anderen Bundesland eine Scheune und einen Schuppen abarbeiten, also prüfen und sichern musste. Im Gegensatz zu uns kreuzten die Kollegen zum Beispiel in die Räume hinein, während wir hineinstachen. Das Hineinkreuzen bedingte, dass ich mich etwas anders positionieren und verhalten musste als gewohnt. Aber da sind wir wieder bei den sogenannten 10 Prozent. Durch unsere intensive Ausbildung bekommen wir ein Gefühl für jede Taktik. Unabhängig davon, welche die Richtige ist. Ich weiß: Wenn mein Kollegen Taktik A anwendet, muss ich B machen. Weicht seine Taktik ab, ist sein A also ein A1, reagiere ich mit B1, und wenn sein A ein A2 ist, mache ich B2. Es ist ein bisschen, wie wenn du Fußball mit jemanden spielst, der das Spiel wirklich gut kennt. Dann dauert es auch meist nur kurz, bis die Laufwege aufeinander abgestimmt sind und die gemeinsame Spielidee zum Tragen kommt. Du spielst einfach automatisch flüssiger miteinander.

Zu den wichtigen Details auf einem Spielfeld gehört, welche Farbe das Trikot hat, in dem jemand spielt. Zum Glück gibt es mittlerweile eine länderübergreifende Farbe für polizeiliche Einsatzkräfte: Steingrau-Oliv. Warum das gut ist? Es macht einen Unterschied, wenn du im Einsatz bist und siehst, dass die Verstärkung, die anrückt, ebenfalls zum SEK gehört. Und nicht etwa zum MEK, dem Mobilen Einsatzkommando. Das soll kein Affront gegenüber den Kollegen sein. Aber deren Ausbildungsinhalte und Arbeitsschwerpunkte sind andere, nämlich das Aufklären und Observieren. Wie kompliziert deren Job werden kann, habe ich im Grundlehrgang am eigenen Leib zu spüren bekommen. Und es hätte mich beinahe den Lehrgang gekostet.

Wir mussten eine Observationsübung in einem Steinbruch machen. Es war stockdunkel. So eine dunkle Nacht habe ich selten erlebt in meinem Leben. Wir waren zu zweit. Und sahen kaum die Tritte, auf denen wir uns bewegen konnten. Und dann trafen wir offensichtlich eine falsche Entscheidung. Mein Kollege stürzte Sekunden vor mir ab. Ich gleich danach. Wir fielen rund viereinhalb Meter in die Tiefe. Ich schlug dabei mehrmals an den Felsen an. Als ich unten aufkam, dachte ich, ich hätte mir beide Beine gebrochen. Aber sie waren heil geblieben. Glück? Ein Wunder? Ja, schon.

Aber da sind wir eben auch wieder bei dem Punkt: Entweder hast du einen Körper, der so etwas wegsteckt, oder nicht. Dieser Punkt wird immer wieder unterschätzt. Ich habe einige Leute im Grundlehrgang erlebt, die fitter waren als ich. Sie bekamen dann jedoch Probleme, weil sich die Bänder im Fußgelenk oder die Sehnen im Knie entzündet haben. Und diese Entzündungen ließen sich weder wegtrainieren noch mit Rote-Bete-Saft wegtrinken. Wenn der Körper nicht mitspielt, wenn er den Belastungen nicht standhält, bist du raus.

Damit wir uns nicht falsch verstehen: Ein Absturz über Felsgestein aus drei Metern Höhe gehört nicht zu den Anforderungen, die unsere Ausbilder an uns stellten. Wäre es nach ihnen gegangen, hätten wir auch diese Observationsübung erfolgreich, sprich, unverletzt absolviert. Haben wir in dieser Nacht leider nicht geschafft. Durch die beim Sturz erlittenen Wunden und Blutergüsse hatten meine Beine für Wochen ein natürliches Camouflage-Muster in weiß-rot. Meine Lieblingsuniform hat definitiv andere Farben.

Wie gesagt, nichts gegen die Kollegen vom MEK, aber der Anblick einer Uniform in Steingrau-Oliv bedeutet für uns SEKies, dass wir uns auf einen bestimmten Trainingsstandard verlassen können. Denn alles, was wir im Grundlehrgang lernten, riefen wir später im Kommando immer wieder ab oder vertieften es bei Fortbildungen. Im Grunde genommen hört für diejenigen, die es tatsächlich ins Kommando schaffen, das Lernen nie auf.

In der letzten Woche des Lehrgangs wurde es noch einmal sehr emotional. Zum Abschluss veranstalteten wir einen Kommando-Wettkampf mit dem gesamten Lehrgang sowie den Einsatzgruppen. Man kann sich das wie einen Biathlon vorstellen, nur eben statt mit Skifahren und Schießen mit Lehrgangsinhalten und Schießen. Rennen, Sachen schleppen, irgendwo abseilen. Unseren Ausbildern war dieser Wettkampf sehr wichtig. Wir traten schließlich nicht nur gegen uns selbst an, sondern gegen erfahrene Einsatzkräfte. An diesem Tag würde sich zeigen, wie gut sie ihren Job in den letzten Monaten gemacht hatten. Wir sollten ihnen bloß keine Schande machen.

Machten wir auch nicht. Die ganze letzte Woche bereiteten wir uns noch einmal intensiv auf diesen Wettkampf vor. Wir wussten, dass wir an diesem Tag nicht nur für unsere Ausbilder kämpften, sondern auch für uns selbst. Wie wir uns an diesem Tag schlugen, würde auch Einfluss darauf haben, mit wie viel Respekt man uns beim Eintritt ins Kommando begrüßen würde. Und wir schlugen uns richtig gut.

Als wir am Abend bei einer feierlichen Veranstaltung unsere Schwinge überreicht bekamen, wie unser Abzeichen genannt wird, war das für mich ein sehr emotionaler Moment. Obwohl wir schon seit rund einer Woche wussten, dass wir es tatsächlich geschafft hatten, fühlte es sich jetzt erst real an.

Es heißt, wenn man ein Ziel erreicht hat, verschwindet es. Ich hatte es tatsächlich ins SEK geschafft. Und nun?

Klar hatte ich durch den Grundlehrgang eine Ahnung davon bekommen, was auf mich zukommen würde. Doch wie sich reale Einsätze wirklich anfühlen, konnte keiner von uns vorhersagen. Entsprechend neugierig war ich auf meinen künftigen Arbeitsalltag.

Kapitel 9

Die Machete im Hinterhof – Mein erster Einsatz

Wenn du wissen willst, wie es einem Land geht, rede mit einem Polizisten. Als Polizisten bekommen wir Einblicke in die Ecken einer Gesellschaft, in die keiner gern schaut. Weil es weh tut. Oder niemand bereit ist, in diesen Ecken wirklich für Ordnung zu sorgen. Wir dürfen nicht wegschauen.

Mit dem Wechsel in meine Einsatzgruppe war ich beim SEK angekommen. Das bedeutete: Ich ging zum Dienst und machte meine Fortbildungen. In den ersten Tagen rüttelten wir uns ein. Wir Neuen bekamen Helm, Weste und alles, was sonst noch zur Ausrüstung gehört, und lernten die Einsatzgruppe kennen. Danach ging es langsam in Richtung Rufbereitschaftswochen, in denen wir unsere ersten Einsätze fuhren.

Im Grunde genommen musst du dir das SEK wie einen Service-Dienstleister vorstellen. Nur dass unsere Dienstleistung eben Razzien, das Festnehmen von Personen, das Beenden von Geiselnahmen oder das Verhindern von Suiziden sind. Wann immer die Kolleginnen und Kollegen auf Streife oder in der Bereitschaft ein Problem haben, dass sie nicht allein oder ohne sich unnötig in Gefahr zu begeben lösen können, rücken wir an. In einer normalen Rufbereitschaftswoche erscheinen wir jeden Tag ganz normal zum Dienst und arbeiten die

Einsätze ab, die anfallen. Dazu gehören geplante Einsätze wie beispielweise Razzien. Und ungeplante – jene Einsätze also, bei denen es irgendwo eine Gefahrenlage gibt. Sind gerade keine Einsätze angesagt, stehen Fortbildungen auf dem Dienstplan. Taktik, Sport, Schießen, unsere Spezialisierungen. Im Grunde genommen das ganze Programm aus dem Grundlehrgang. Nur mit noch mehr inhaltlicher Tiefe.

Ich hatte mich unter anderem fürs SEK entschieden, weil ich wusste, dass es dort tatsächlich viel zu tun gab. Während die Spezialisten bei der GSG 9 oder beim KSK mitunter monatelang auf echte Einsätze warten müssen, sind wir mit einer sehr viel höheren Schlagzahl unterwegs. Wie oft? Das erfährst du, wenn du selbst den Weg ins SEK finden solltest. Nur so viel: Die meisten unserer Einsätze finden unter Ausschluss der Öffentlichkeit statt und gelangen nicht in die Presse.

Ich kann nicht einmal mehr sagen, ob es mein erster Einsatz auf eine Titelseite in der Region geschafft hat. Vergessen werde ich ihn dennoch nicht. Es war gleich ein Klassiker: Ein Mann in einem Dorf rastet aus und bedroht Menschen mit einer Machete. Es handelt sich um einen Mann mit afrikanischem Hintergrund. Die Herkunft ist in diesem Fall wichtig, weil sie unseren Einsatz womöglich erst bedingt hat – dazu gleich mehr. Ich weiß, dass es politische Strömungen gibt, die die Herkunft von Menschen kriminalisieren und behaupten, dass vor allem zugewanderte Menschen ein Sicherheitsproblem darstellen. Die Kriminalstatistik gibt das jedoch nicht her. Gewaltverbrechen ziehen sich durch alle Gesellschaftsschichten. Wir werden diese Erfahrung bei unseren Einsätzen immer wieder machen.

In diesem Fall haben die Streifenpolizisten den Mann mit der Machete bereits gestellt. Und mit Pfefferspray bearbeitet, in der Hoffnung, ihn so leichter festnehmen zu können. Gute Idee. Wer mit beiden Händen seine brennenden Augen reiben möchte, um den Schmerz zu lindern, kann keine Machete mehr festhalten. Merkwürdigerweise reagieren Menschen mit afrikanischem Hintergrund jedoch weniger stark auf unser Pfefferspray als andere. Ich habe keine Erklärung dafür, warum das so ist. Aus eigener Erfahrung weiß ich, wie sich unser Pfefferspray anfühlt. Also, ich hätte die Machete fallengelassen. Unser Mann nicht. Die Polizisten stellen zudem rasch fest, dass er auch psychisch auffällig ist. Er ist nicht wirklich ansprechbar. Reagiert zu keinem Zeitpunkt rational. Um kein unnötiges Risiko einzugehen, macht die Streife das einzig Richtige: Sie ruft uns, das SEK, zur Hilfe.

Wir sind gerade in der Rufbereitschaft, als die Meldung kommt. Wir packen unsere Ausrüstung ein und machen uns auf dem Weg. Es ist nicht nur für mich, sondern auch für einen anderen Kollegen der erste Einsatz. Beim Anziehen spüre ich seine Anspannung. Ich frage ihn, ob er Hilfe braucht. Die komplette Montur allein anzulegen ist immer ein bisschen tricky. Ich merke schnell, dass es keinen Sinn hat. Der Kollege ist vollkommen in seinem Tunnel. Er geht seine komplette Ausrüstung noch einmal durch. Vergewissert sich, dass er an alles gedacht hat. Hat er. Im Einsatz später funktioniert er genau wie alle anderen. Falls er da immer noch angespannt gewesen sein sollte, bekommt niemand davon etwas mit.

Ich habe immer wieder erlebt, wie unterschiedlich die Kollegen sich auf einen Einsatz vorbereiten. Einige schweigen und sind in sich gekehrt. Einige sind wie immer vorlaut und machen Sprüche. Wie ich zum Beispiel. So unterschiedlich die persönlichen Herangehensweisen auch sein mögen – im Einsatz sind wir eine Einheit.

Bei einer »Messerlage« wie bei diesem Fall trägt einer von uns einen speziellen Kettenschutz. Der wiegt zwar noch ein paar Kilo mehr als die »normale« Ausrüstung, ist dafür aber stichsicher. Wir nennen den Kollegen, der diesen Part im Einsatz übernimmt, immer den »Kettenmann«. Ganz wichtig sind auch unsere Distanzstangen, mit denen wir die Zielperson und damit das Messer – oder eben die Machete – in sicherem Abstand halten können. Wie gesagt: Wir wollen, dass alle unverletzt aus so einem Einsatz rausgehen. Auch die Zielperson.

Es ist theoretisch ein Leichtes, jemanden mit der Schusswaffe bewegungsunfähig zu machen. Das denken viele. Einfach auf die Beine schießen, und gut ist es. Ist es nicht. Abgesehen von der Unverhältnismäßigkeit – womöglich kann die festgenommene Person nach einem Treffer nie wieder laufen – schießt man nicht so einfach mal eben auf die Beine. Was, wenn du auf die Beine zielst, gerade schießen willst, und die Zielperson just in dem Moment auf die Knie geht, um sich zu ergeben? Aus dem Schuss aufs Bein wird so unter Umständen ein Bauch- oder Brustschuss. Nein, Schießen ist weder eine einfache noch eine sichere Lösung. Es ist Ultima Ratio, wenn es um dein eigenes Leben geht oder das Leben anderer unmittelbar in Gefahr ist.

Auf dem Weg zum Einsatz ist unser Gruppenführer mit den Polizisten vor Ort im Kontakt. Er sammelt alle Informationen, die über Funk weitergegeben werden können. Auf Basis dieser Informationen entwerfen wir erste Einsatzoptionen. Vor Ort werden die Fakten dann kurz gegengecheckt. Jeder von uns bekommt seine Aufgabe zugeteilt.

Als Neuling werde ich erstmal sehr weit hinten eingeteilt. Es wird noch eine Weile dauern, bis ich weiter nach vorne rücke und mehr Verantwortung übernehme. Bis ich mittendrin im Geschehen bin. So habe ich das Gefühl, als würde ich auf der Ersatzbank sitzen. Wurmt mich das? Ein bisschen. Aber ich habe ja gelernt, mein Ego für mein Team zurückzustellen.

Heute bin ich der Mann mit der Distanzstange. Obwohl es mein erster echter Einsatz ist, bin ich nicht aufgeregt. Im Gegenteil, ich bin die Ruhe selbst. Die meisten meiner Kollegen strahlen ebenfalls eine große Gelassenheit aus. Nur bei einem Kollegen, der wie ich relativ frisch dabei ist, verspüre ich eine leichte Anspannung. Verständlich.

Messerlagen werden oft unterschätzt. Schließlich muss man nur genügend Abstand zwischen sich und den Angreifenden haben – Armlänge plus Messerlänge, reicht doch? Oder? Nein, das reicht nicht. Selbst ein unsportlicher Mensch ist in der Lage, in einer Sekunde ganze 7 Meter zurückzulegen. Dafür muss er gerade mal 25 Stundenkilometer schnell sein. Ist jemand gut trainiert und kommt auf über 30 Stundenkilometer, musst du schon mehr als 9 Meter von ihm entfernt stehen. Sollte sich jemand mit einem Messer in der Hand entschließen, auf dich zuzustürmen, ist so eine Distanzstange, wie wir sie dabeihaben, Gold wert.

Im Hinterhof, in dem sich der Mann mit der Machete befindet, gibt es eine Holzwand mit einem Tor. Die Wand ist mannshoch; wir können nicht darüber schauen. Wir wissen also nicht genau, wo der Mann steht. Direkt am Tor? Weiter hinten? Unser Gruppenführer hat entschieden, dass wir die Zielperson mit einem Taser überwältigen wollen. Ein Taser ist eine Elektroschockpistole, deren pfeilartige Projektile über isolierte Drähte mit der Waffe verbunden sind. Die elektrischen Impulse, die der Taser überträgt, immobilisieren die getroffene Person für die Dauer des Stromflusses stark bis vollständig. Taser sind keine leicht zu handhabenden Waffen. Technisch und rechtlich gesehen. Daher ist der Taser sehr trainingsintensiv. Ballistisch gesehen fliegen die Pfeile aus diesem Gerät nicht automatisch heraus wie eine Kugel. Wenn du verschießen solltest, bekommst du zwar durch eine zweite Pfeil-Kartusche eine weitere Chance. Geht die aber ebenfalls ins Leere, musst du nachladen. Und das Nachladen ist sehr komplex. Im Einsatz unter Stress nicht die leichteste Übung. Es dauert im Training einige Zeit, bis hier jeder Handgriff sitzt. Die Pfeile müssen außerdem direkt in die Haut geschossen werden. Trägt jemand lange oder besonders dicke Kleidung, kann der Tasereinsatz wirkungslos verpuffen. Außerdem musst du für einen erfolgreichen Taserschuss relativ nah an der Zielperson stehen. Fünf Meter wären nicht schlecht. Weniger sogar besser. Bei einem Abstand von unter fünf Metern hast du nur noch eine halbe Sekunde Zeit zu reagieren, wenn du angegriffen wirst. Wie gesagt, eine technisch schwierige Waffe.

Rechtlich ist der Taser in Deutschland einer Schusswaffe gleichgestellt. Zumindest war das zu meiner Zeit beim SEK noch so. Sprich: Du darfst nur dann tasern, wenn du auch schießen dürftest. Ich verstehe diese Reglung bis heute nicht. In meinen Augen ist der Taser im Vergleich zur Schusswaffe das sehr viel mildere Mittel. Wir hätten ihn viel öfter einsetzen können, wenn es nicht diese hohen rechtlichen Hürden geben würde. Ja, eine herzkranke Person kann bereits von einem Tasereinsatz einen Herzinfarkt bekommen. Aber den Infarkt bekomme ich mit einem Krankenwagen hinterher vielleicht noch in den Griff und unsere Zielperson hat eine Chance. Bei einer Kugel im Herzen nicht.

Bei diesem Einsatz läuft alles glatt. Wir dringen in den Hinterhof ein. Teilen uns in zwei Gruppen auf. Bietest du einem Mann zwei Ziele, zögert er vielleicht, weil er sich nicht entscheiden kann, wen er zuerst angreifen soll. Und entscheidet er sich doch für eine, kann die andere Gruppe leichter arbeiten. Der Plan geht auf: Unsere Zielperson bemerkt die andere Gruppe zuerst und versucht zu fliehen. Genau in die Richtung, in der ich mit der anderen Gruppe stehe. In dem Moment, in dem er sich uns zuwendet, greifen wir zu. Der Taserschuss sitzt. Mit den Distanzstangen drücken wir den Mann gegen die Wand. Als unsere Zielperson bewegungsunfähig wird und krampft, hängt sein ganzes Gewicht in den Distanzstangen. Jetzt wissen wir wieder, warum wir Woche für Woche Gewichte stemmen. Mit vereinten Kräften halten wir den Mann aufrecht. Die Kollegen gehen zu ihm hin. Die Machete, die der Mann noch immer umklammert, wird gesichert. Wir fesseln den Mann und übergeben ihn an die zuständigen Polizisten vor Ort. Der ganze Einsatz dauert vielleicht zehn Minuten.

Auf der Fahrt zurück beschäftigen mich drei Gedanken. Erstens: Das also wird von jetzt an meine Arbeit sein. Zweitens: Ich will mich so schnell wie möglich in der Gruppe nach vorn arbeiten. Ich will nicht nur auf der Ersatzbank sitzen. Ich will aufs Spielfeld. Und drittens: Ehrlich gesagt hatte ich mir die Sache mit dem SEK ein bisschen spektakulärer vorgestellt.

Was ich damals noch nicht weiß: Es wird durchaus noch spektakulärer werden. Zum Beispiel beim Fall mit dem ehemaligen Fremdenlegionär.

Kapitel 10

Der Fremdenlegionär – Fatale Hundeliebe

Jeder von uns hat einen wunden Punkt. Etwas, das ihn triggert. Etwas, das er nicht loslassen kann. Und immer wieder gibt es Menschen, deren Griff beim Nicht-Loslassen-Können immer fester wird. Sie klammern sich so sehr an das, was sie lieben, dass sie nicht bemerken, wie sehr sie ihrer Liebe damit wehtun.

Beim Fall mit dem Fremdenlegionär sind es seine Hunde. Dobermänner. Halb verhungert. So schlimm, dass es sogar den Nachbarn auffällt. Sie informieren das Veterinäramt, das die Sache überprüft. Als sie auf das Gehöft kommen, auf dem der Mann lebt, sehen sie sofort, dass die Hunde Hilfe brauchen, sonst werden sie über kurz oder lang sterben. Als die Tierärzte dem Mann eröffnen, dass sie seine Hunde mitnehmen werden, tickt er aus und wirft sie hinaus. Als die Tierärzte später mit der Polizei anrücken, um die Tiere abzuholen, eskaliert die Situation. Der Mann droht damit, sich selbst, seine Hunde und das Haus in die Luft zu sprengen, wenn die Beamten nicht sofort verschwinden. Um seine Forderung zu untermauern, hat er in der Diele des alten Bauernhofes eine bombenähnliche Konstruktion aufgebaut. Mit lauter Gasflaschen. Ob sie funktioniert? Das weiß keiner. Was wir wissen: Der Mann war früher bei der Fremdenlegion. Er ist es gewohnt zu kämpfen. Wir wissen außerdem, dass er über Schusswaffen verfügt. Normale und selbstgebaute. Als ehemaliger Militär verfügt er vielleicht sogar über weitere Gadgets. Ein Nachtsichtgerät zum Beispiel. Wir müssen uns auf alles gefasst machen.

Es ist ein Donnerstag, als der Alarm ausgelöst wird. Beim SEK herrscht in diesen Tagen Hochbetrieb, meine Einsatzgruppe befindet sich in der Rufbereitschaft. Normalerweise müssten wir uns um den Fremdenlegionär und seine Hunde kümmern. Nachdem wir allerdings schon zwei andere Einsätze in kurzer Zeit gefahren sind, hat uns unser Gruppenführer rausgenommen. Wir müssen wenigstens mal eine Nacht schlafen. Eine andere Gruppe des SEK übernimmt erstmal und sichert das Gehöft.

Am Freitag übernehmen wir. Wirklich vorangekommen sind die Kollegen in den paar Stunden noch nicht. Kein Thema, das wäre uns genauso ergangen. Das Gehöft ist weitläufig. Es ist so gut wie unmöglich, sich unbemerkt dem Haus zu nähern. Das Grundstück ist von Wiesen und Feldern ohne Deckung umgeben. Weder von vorn noch von hinten können wir uns dem Gebäude unbemerkt nähern. Den Gedanken, uns dem Haus mit einem gepanzerten Fahrzeug zu nähern, verwerfen wir schnell wieder. Das wäre viel zu auffällig. Wir gewinnen keinerlei Überraschungsmoment und unsere Zielperson hätte genügend Zeit, seine Drohung wahrzumachen. Außerdem würden wir spätesten beim Aussteigen aus dem Fahrzeug auf dem Präsentierteller liegen. Egal, wie nah wir an das Haus herankommen.

Bei dem Haus handelt es sich um ein L-förmiges altes Jagdhaus. Es ist riesig. Die Fenster sind abgehängt. Wir können nicht permanent sehen, wo sich unsere Zielperson gerade befindet. Oder wie er sich durch sein Haus bewegt. Diesen Gefallen tut uns ein erfahrener Soldat nicht. Und weil wir nicht wissen, wo sich der Mann aufhält, wissen wir auch nicht, wo sich bei einer Annäherung an das Haus der sichere Bereich befindet. Wie können wir dieses hohe Risiko umgehen?

Um das Haus herum liegen an einigen Stellen Schrotthaufen. Es gibt auch Mauerreste, etwa hüfthoch, die uns wenigstens etwas Deckung geben könnten. Außerdem ein kleines Nebengebäude. Nicht größer als ein Schuppen. Können wir uns hier vielleicht einen halbwegs gesicherten Weg zum Haus bahnen?

Unterdessen hat unsere Verhandlungsgruppe Kontakt mit dem Mann. Seine Botschaft ist klar: Er will, dass die Polizei verschwindet. Sobald er sieht, dass sich ein Polizist dem Haus nähert, wird er alles in die Luft jagen. Während unsere Zielperson mit den Verhandlern spricht, nehmen wir unbemerkt verschiedene Sicherungspositionen ein. Dabei nutzen wir den Schutz der Dunkelheit, die mittlerweile angebrochen ist. Unsere Positionen befinden sich etwa 30 bis 40 Meter vom Haus entfernt. Ein Kollege und ich sind an dem kleinen Nebenhaus positioniert. Von dort haben wir die Haupteingangstür im Blick.

In den nächsten Stunden versuchen wir, ein Gespür für den Ort und die Lage zu bekommen. Wir sammeln Informationen von allen Sicherungspositionen. Auf welcher Ebene registrieren wir Bewegungen? Geht irgendwo das Licht an? Beim Sichern unseres Spots wechseln wir uns ab. Das Wetter ist beschissen. Die Temperatur liegt bei 6 Grad. Es regnet. Klar, dass du da nach anderthalb oder zwei Stunden durch bist. Wir haben das Frieren im Lehrgang selbstverständlich »trainiert«. Beziehungsweise aushalten lernen müssen. Wie vieles andere. Wer gerade nicht in der Sicherung steht, kann sich wenigsten ein bisschen bewegen und dadurch versuchen, Wärme zu erzeugen. Immer mit der Prämisse, dass er dabei nicht gesehen wird. Wärmepads gehören nicht zu unserer Ausrüstung. Leider. Natürlich würde niemand mitbekommen, wenn du eines einsteckst und benutzt. Aber wenn dann etwas schief geht und ein nichtoffizieller Ausrüstungsgegenstand bei dir gefunden wird, kann es passieren, dass die Versicherung der Polizei nicht mehr greift. Ob du dieses Risiko eingehst, musst du als Beamter selbst entscheiden.

In der Sicherung stehen heißt nicht, dass wir die ganze Zeit rumquatschen können. Von wegen Kochrezepte austauschen, Urlaubstipps durchgehen oder über das letzte Spiel von Hannover 96 lästern. Wenn wir in der Sicherung stehen, müssen wir hochkonzentriert sein und unseren Sicherungsbereich immer im Auge haben. Um sofort Meldung zu machen, falls etwas passieren sollte. Das Sichern ist daher eher eine schweigsame Angelegenheit. Wenn mein Partner in die Sicherung geht, schalte ich nicht etwa ab, sondern gehe im Kopf mögliche Szenarien durch. Immer wieder stelle ich mir vor, was passieren könnte und wie ich mich in dieser bestimmten Situation verhalten würde. Ich weiß, dass mir dieses Durchspielen von Situationen später dabei helfen wird, bessere Entscheidungen zu treffen.

Nach etwa zehn Stunden – die Nacht ist längst vorbei – wissen wir, dass sich unsere Lage nicht verändern wird. Wir bekommen keine besseren Optionen. Daher entscheiden wir uns für den Zugriff.

Doch dann passiert, was erwartbar war: Wir werden gesehen. Plötzlich fallen Schüsse. Unsere Zielperson schießt wild durch die Tür. Für uns heißt das, so schnell wie möglich ran an die Wand. Und in den nächsten Minuten all das abrufen, was wir über das Infiltrieren von Räumen gelernt haben und immer wieder lernen. Durch die Fenster versuchen wir uns einen Überblick zu verschaffen, wo sich die Zielperson befindet. Können wir sie verorten, sodass Kollegen durch die Tür reingehen können? Über Funk kommen die klaren und präzisen Informationen, wer wo an welcher Position arbeitet. Immer wieder fallen Schüsse. Und in jedem Moment schwebt über uns die Gefahr, dass die Gasflaschen-Installation explodiert. Wir tragen daher auch unsere Gaswarngeräte an den Westen. Sie würden anschlagen, wenn wir einen Raum betreten, in dem es ein Gasleck gibt.

Unsere Zielperson bewegt sich im Haus. Wir folgen ihr, zunächst von außen. An der Gasflaschen-Installation wollen wir nicht vorbei in das Haus gelangen. Nicht dass da ein Stolperdraht verbaut ist. Wenn, dann geht es für uns über die Fenster in das Haus hinein. Wir checken diese Option ständig ab. Doch es ergibt sich keine gute Gelegenheit. Dafür gelingt es uns, unsere Zielperson durch das Fenster in einem Raum zu sichten, festzumachen und ein klares Schussfeld für einen Beinschuss zu erarbeiten. Wie gesagt, unsere Aufgabe ist es, den Schaden bei jedem Einsatz so gering wie möglich zu halten. Jeder soll die Chance haben, lebend aus der Sache herauszukommen. Ein Beinschuss ist auch für uns Polizisten sehr gefährlich. Die Zielperson ist danach zwar angeschlagen, aber sie hat womöglich noch immer Zugriff auf ihre Waffe. Und vielleicht entscheidet die Person sich, die Waffe auch zu benutzen, weil ihr nun ohnehin alles egal ist.

Doch wir haben keine andere Option. Eine letzte Absicherung, dann das Kommando. Der Beinschuss wird gesetzt. Unsere Zielperson trifft keine Entscheidung mehr. Sie bricht zusammen. Die Anspannung der letzten Stunden löst sich im Aufgeben des Körpers. Wir sichern den Raum und die Waffe, sodass unsere *Combat Medics* sofort mit ihrer Arbeit loslegen können. Sie sind speziell dafür ausgebildet, auch Schussverletzungen richtig zu behandeln. Der Chirurg, der die Verletzung später behandelt, wird von einem »perfekten Beinschuss« sprechen. Vorne rein, hinten raus. Keine Verletzung am Knochen. Wir wissen einzuschätzen, dass das nicht selbstverständlich ist. So viel wir am Schießstand auch üben, in diesem Fall hat unsere Zielperson vor allem Glück gehabt.

Unterdessen drehen wir das gesamte Gebäude auf links, um Raum für Raum zu sichern und den Weg für den Notarzt freizumachen. Ich komme mir vor wie in einem Horrorfilm: Überall befinden sich Dreck und Spinnweben. Die Räume sind mit allem Möglichen zugestellt.

Währenddessen laufen die Hunde aufgeregt draußen herum. Ihnen hat der Krach gerade auch ordentlich zugesetzt. Vereinzelt hallt Gebell über das Gehöft. Zusammen mit unseren beiden Hundeführern versuche ich die verängstigten Tiere einzufangen. Auf keinen Fall wollen wir, dass den Tieren etwas zustößt. Es ist ein Mythos, dass das SEK Hunde bei jedem Einsatz automatisch erschießt. Wenn wir wissen, dass sich Hunde an einem Einsatzort befinden, haben wir immer einen oder mehrere Hundeführer dabei, die sich um die Tiere kümmern. Nicht alle SEK-Beamten kommen mit Hunden gut klar. Manche haben sogar Angst vor ihnen. Dass Hunde manchmal womöglich doch erschossen werden, geschieht nur, wenn die Einsatzlage es erfordert, weil Tiere sich besonders aggressiv verhalten, einen unserer Kollegen angreifen und auch durch unsere Hundeführer nicht zu bändigen sind. Ansonsten versuchen wir in der Regel, die Tiere in einen separaten Raum einzusperren, in dem sie uns nicht mehr gefährlich werden können.

Heute ist das nicht notwendig. Die Hunde, die vollkommen abgemagert sind und sich in einem bedauernswerten Zustand befinden, leisten keine große Gegenwehr. Wenig später können wir sie dem Veterinär übergeben.

Was aus dem Fremdenlegionär wird, werden wir nicht erfahren. Unsere Arbeit ist hier beendet. Bis zum nächsten Einsatz.

Kapitel 11

Gefahr im Gepäck – Personenschutz bis in den OP-Saal

Zu den Aufgaben des SEK gehört manchmal auch der Personenschutz. Etwa, wenn wir Zeugen zum Gericht begleiten. Oder dafür sorgen, dass ein besonders gefährlicher Angeklagter aus dem Gefängnis ins Gericht und wieder zurückgebracht wird. Einen meiner merkwürdigsten Einsätze erlebte ich, als wir für eine gewisse Zeit einen sehr speziellen Menschen begleiten mussten.

Der Mann selbst ist erst einmal nicht gefährlich. Allerdings hat er aufgrund der merkwürdigen Umstände seiner Reise jede Menge Gefahr im Gepäck dabei.

Der Grund für die Reise dieser Person nach Deutschland ist ein medizinischer Eingriff. Medizintourismus ist ein erstaunlich großes Thema. In der Zeit vor der Corona-Pandemie kamen jährlich bis zu 250 000 Menschen aus dem Ausland nach Deutschland, um Eingriffe bei einem hiesigen Spezialisten vornehmen zu lassen. Besonders nachgefragt sind die Orthopädie, die Innere Medizin, die Kardiologie für Herz-Kreislauf-Erkrankungen und die Chirurgie, worunter auch die Schönheitschirurgie fällt. Um so einen Fall handelt es sich diesmal jedoch nicht.

Der Mann, der für seine Behandlung extra nach Deutschland geflogen wird, ist in seinem Heimatland bekannt. Igor K.

besitzt Macht. Und weiß diese auch zu nutzen. Vor allem zu seinem Vorteil. Mit der Zeit hat er sich viele Feinde gemacht. In dem Milieu, in dem er sich bewegt, werden die Dinge nicht unbedingt durch Rechtsanwälte, Therapien oder ein Gespräch unter Männern geklärt. Sondern, indem mit einem Messer oder einer Schusswaffe Tatsachen geschaffen werden. In diesem Fall sind es sogar ganze 27 Schüsse, die auf den Mann abgegeben wurden. Sieben Kugeln treffen ihn. Doch Igor K. überlebt schwerverletzt. In seiner Heimat wird er notoperiert. Für die Operationen, die der Not-OP folgen sollen, fehlt es dem dortigen Krankenhaus jedoch an Knowhow und Ausrüstung. Auf eine Anfrage in ganz Europa, in der der Fall geschildert wird, meldet sich die Medizinische Hochschule Hannover (MHH). Dort werden häufig Patienten mit schweren Schussverletzungen behandelt. Meist aus Krisen- oder Kriegsgebieten. Wer der Patient ist, wissen die Ärzte zu dem Zeitpunkt noch nicht. Sie fragen auch nicht nach, wie die schweren Schussverletzungen zustande gekommen sind. Klar ist nur, dass der Patient die Kosten der Behandlung in Hannover selbst tragen muss. Für Igor K., der wenig später mit einem Privatjet nach Hannover fliegt, ist das kein Problem.

Sehr wohl ein Problem ist jedoch, dass sein neuer Aufenthaltsort in Hannover nicht lange geheim bleibt. Als die Öffentlichkeit und die Politik auf Igor K. aufmerksam werden, tauchen viele Fragen auf: Was, wenn die Angreifer aus dem Heimatland des Mannes ihre Tat doch noch vollenden wollen? Und auf die Idee kommen, in dem deutschen Krankenhaus zuzuschlagen, in dem er liegt? Krankenhäuser sind schließlich keine Schutzburgen. In der Regel kann jeder dort ein und aus gehen. Nur die wenigsten Bereiche sind für die Öffentlichkeit nicht zugänglich. Doch das wird sich in den kommenden Wochen ändern.

Die reale Möglichkeit eines Anschlags, bei dem Ärzte und Krankenhauspersonal oder unbeteiligte Besucher in Gefahr geraten, führt nach einigen Tagen zu der Entscheidung, dass das Krankenhaus in einen Hochsicherheitstrakt verwandelt wird. Durch uns vom SEK und durch die Polizei. Während sich die Polizei um den äußeren und den mittleren Sicherheitsring kümmert, sitzen wir im Zimmer bei dem Patienten beziehungsweise stehen vor seiner Tür. Das Abschreckungspotenzial ist so hoch, dass ich mich frage, wer so dumm sein sollte, hier zuzuschlagen. Da müsste schon jemand einen Kriegseinsatz starten, wie ihn Gamer aus ihren *Call of Duty*- oder *Modern Warfare*-Spielen kennen, und mit einem Panzer vorfahren, um in das Krankenhaus reinzukommen. Wir selbst erreichen unseren Einsatzort jeden Tag über ein unterirdisches Tunnelsystem.

Die Polizei kontrolliert nicht nur die Kofferräume der Fahrzeuge, die auf das Klinikgelände fahren, sondern auch jeden Ausweis, damit niemand ins Krankenhaus kommt, der dort nicht hingehört. Auf der Station, auf der wir sind, checken wir ebenfalls jede Person ab. Wir folgen Igor K. dabei bis in den OP-Saal. Dort müssen die Kollegen, die in dem Moment Wache haben, über ihren Uniformen türkisblaue OP-Kittel und grüne OP-Hosen anziehen. Die Stiefel stecken in blauen Plastiküberziehern. Gleichzeitig haben wir unsere Sturmgewehre am Mann. Ein komisches Bild, dass dem Ernst der Lage nicht wirklich gerecht wird.

Wohlgemerkt: Wir sind in erster Linie nicht dazu da, Igor K. zu beschützen. Wir sind dazu da, für die Sicherheit des Klinikpersonals und der Klinikbesucher zu sorgen. Unsere Präsenz im Krankenhaus bleibt der Öffentlichkeit nicht verborgen, der Fall zieht daher schnell weite Kreise. Auch in der Politik. Hätte die Einreise des Mannes verhindert werden können? Wäre es nicht besser, den Patienten in ein Justizkrankenhaus - also ins Gefängnis - zu verlegen? Dort wäre er ebenso sicher. Und die Kosten, die unser Einsatz aktuell am MHH verursacht, würden dort nicht auflaufen. Es werden Anträge auf Ingewahrsamnahme gestellt.

Nachdem die Verlegung ins Gefängniskrankenhaus geplatzt ist, auch weil das Krankenhaus die Nachbehandlung medizinisch nicht leisten kann, wird eine Ausweisungsverfügung erlassen. Igor K. soll abgeschoben werden. Es gibt auch die Überlegung, ob der Patient nach Berlin verlegt werden kann. Dort gibt es ein Krankenhaus, das sich einfacher schützen lässt als die MHH in Hannover. Die Überlegungen führen alle ins Leere.

Der damalige Innenminister, im Grunde unser oberster Chef, bringt in einem Interview das Dilemma um Igor K. auf den Punkt: »Mir gefällt es nicht, aber es ist, wie es ist. Da gegen den Patienten in Deutschland kein Haftbefehl vorliegt und er ohne Visum bis zu 180 Tage im Land bleiben darf, greift der Rechtsstaat.«

Von den politischen und juristischen Wellen, die der Fall schlägt, bekommen wir SEKies zum Glück nicht viel mit. Auch das Klinikpersonal, für das unsere Anwesenheit alles andere als normal ist, behandelt uns die ganze Zeit über sehr zuvorkommend. Dennoch sind wir alle froh, als der Spuk nach rund zwei Wochen endlich vorbei ist.

Kapitel 12

Fallout – 36 Stunden Anspannung

Ego-Shooter-Spiele, in denen einen Held sich allein oder als Teil einer Gruppe durch digitale Welten schießt, sind seit Jahrzehnten Kulturgut. *Modern Warfare, Call of Duty, Uncharted, Ready Or Not* ... Sie werden millionenfach gespielt und prägen das Bild, das sich viele Menschen vom Militär oder von Spezialeinheiten machen. Haben diese Menschen durch diese Games ein realistisches Bild von der Arbeit dieser Gruppen? Klares Nein. 95 Prozent meiner Arbeit beim SEK hatten nichts mit der stundenlangen Action und dem wilden Herumgeballer zu tun, für die die Spiele so geliebt werden. Eines Tages allerdings fand ich mich in einem Einsatz wieder, der sich dann doch ein bisschen wie eines dieser Games angefühlt hat.

Eigentlich sind wir auf Fortbildungswoche. Wir, das ist die Gruppe, die auf Einsätze beim ÖPNV spezialisiert ist. Wir fahren zum ICE-Werk nach Hamburg, um uns wieder einmal mit den neuesten Modellen der Züge vertraut zu machen. Dabei checken wir, welche Zugriffsmöglichkeiten es gibt. Neue oder nur die alten? Was hat sich an den Scheiben getan? Wie sind die Wagen bestuhlt? Wo befinden sich Stauräume fürs Gepäck? Wo die Toiletten? Wir nehmen den Zug komplett auseinander und prüfen alles akribisch, um in unseren Einsätzen alle Möglichkeiten und Wege ausschöpfen zu können. Das Wissen bleibt hinterher nicht nur in unserer Gruppe. Am Ende unseres Besuchs schreiben wir Konzepte, mit denen anschließend das gesamte Kommando arbeiten kann. Alle wissen dann, was wir wissen. Wir haben lediglich den Vorteil, dass wir alles praktisch und persönlich in Augenschein nehmen und in den Zügen auch gleich trainieren können.

Nicht nur deshalb haben wir unsere gesamte Ausrüstung dabei, als uns eine Einsatzanfrage von den SEK-Kollegen in Hannover erreicht, die Rufbereitschaft haben. Den Job, den sie uns melden, müssten sie dementsprechend eigentlich selbst erledigen. Doch der Einsatzort liegt im Norden Niedersachsens, fast an der Grenze zu Hamburg. Ganz in der Nähe unseres Aufenthaltsortes. Abgesehen davon, dass wir unsere Ausrüstung natürlich ohnehin für unsere Fortbildung brauchen, haben wir sie auch dabei, um in einem solchen Falle eines Falles so schnell wie möglich loslegen zu können. So können die Fortbildungs-Teams die Rufbereitschaft besser unterstützen. Entweder, um einen Einsatzort schneller zu sichern, wenn das Team näher dran ist als andere. Oder als Verstärkung.

Der Fall, für den wir diesmal angefragt werden, hat mit einer Person zu tun, die im Verdacht steht, Geldautomaten aufgesprengt zu haben. Und zwar nicht mit Gasflaschen oder Sachen, die man im Baumarkt findet und sich zusammenmischt, sondern mit echtem Sprengstoff. Außerdem kommt die lokalisierte Person wohl auch für einen bewaffneten Raubüberfall in Frage. Lokalisiert bedeutet: Nach der Person wurde bereits eine ganze Weile gefahndet. Und nun wurde sie aufgrund eines Hinweises aus der Bevölkerung endlich entdeckt. Verdacht auf Sprengstoff und das Vorhandensein einer Schusswaffe. Klar, dass das ein Fall für uns ist. Damit der Mann, der über Monate untergetaucht war, nicht gleich wieder stiften geht, heißt es für uns, alles stehen und liegen lassen und mit Blaulicht und Martinshorn zum Einsatzort rasen.

Wenig später finden wir uns auf einem riesigen Gelände wieder. Mitten in der Pampa. Es ist, als wären wir in einem Endzeitfilm oder würden uns mitten in einem Level des Shooters-Games *Fall Out* befinden: Zerstörte Wohnhäuser. Mal kleiner, mal größer. Zerfallene Scheunen und Schuppen. Insgesamt gibt es zwölf verschiedene Gebäude. Dazu alte Bauwagen, zugewucherte Maschinen und Autowracks. Ein kleiner Bachlauf zieht sich durch das Gelände. Ein Ort, der jemandem, der sich verstecken will, prima Deckung bietet. In den halbzerfallenen Häusern gibt es offensichtlich noch bewohnbare Teile, die wohl auch illegal genutzt werden. Eine Annäherung, ohne gesehen zu werden? Schwierig bis unmöglich.

Der erste schnelle Blick auf die Gegebenheiten zeigt uns, dass vor uns eine echte Aufgabe liegt. Zum Glück müssen wir die nicht allein meistern. Neben uns wurden auch die SEK-Kollegen aus Hamburg angefordert. Zusammen bilden wir ein Zugriffsteam für den Einsatz. Das Gelände ist so riesig, dass es Sinn macht, so viele Kräfte wie möglich beieinander zu haben. Die Hamburger bringen Motorräder mit, mit denen wir uns theoretisch jeweils zu zweit über Acker und Feld dem Haus nähern könnten. Ein Hubschrauber, der uns mit seiner Wärmebildüberwachung unterstützen kann, ist angefordert. Ebenfalls vor Ort: die Kollegen vom Mobilen Einsatzkommando, die das Gelände sofort unter Dampf setzen – also observieren – und so viele Informationen wie möglich für unsere Einsatzplanung zusammentragen. Außerdem übernehmen die MEKies die äußeren Stellungen, um Fluchtversuche zu unterbinden.

Unser Plan ist komplex. So wie das Gelände. Wir beschließen, dass wir das Areal von unterschiedlichen Seiten in die Zange nehmen. Die Hamburger Kollegen zunächst mit den Motorrädern. Wir mit einem Transporter, aus dem die einzelnen Teams abgesetzt werden können. Es ist Dezember. Früh dunkel. Das kommt uns entgegen. Ohne Licht und sehr langsam legen wir los. Wir müssen jedes Haus, jede Scheune und jedes potenzielle Versteck abarbeiten und sichern. Erst dann können wir uns gemeinsam weiter nach vorn bewegen. Klingt mühselig – und ist es auch. Mit einem Buddy-Team bin ich unter anderem für den Bach zuständig. An einer kleinen Brücke will ich in die Unterführung schauen und lehne mich dabei auf ein Stück Mauer, um das Areal besser einsehen zu können. Ich höre noch, wie mein Kollege mich warnt, dass die Mauer brüchig sei, sage: »Ja, ich pass auf« – und stehe im nächsten Moment knietief im Wasser. Bei Minusgraden. Das Blöde ist, dass meine Füße nun für die nächsten Stunden, die wir uns Haus für Haus und Scheune für Scheune vorarbeiten, eiskalt und nass sind.

Einige der Häuser sind zum Glück leer. Andere sind bewohnt. Von der anderen Seite melden die Kollegen einen ersten Zugriff: eine Frau und ein Hund. Es ist wohl die Lebensgefährtin der Zielperson. Bei dem Hund handelt es sich um einen Kampfhund. Wir können die Frau überzeugen, sich zu stellen und nehmen sie fest. Der Hund wird im Gebäude eingesperrt und bleibt vorerst, wo er ist.

Mal kommen wir schneller voran, mal langsam. Wir müssen gefühlt jeden Stein umdrehen. Die Dunkelheit bietet dabei nicht nur uns Schutz, sondern auch unserer Zielperson. Hoffentlich haben die Kollegen mit der Wärmebildüberwachung alles im Griff und können uns rechtzeitig warnen, falls wir uns der Zielperson in einem Versteck nähern, das wir nicht vernünftig einsehen und abarbeiten können.

Irgendwann wird es wieder Tag. In der Stunde vor Sonnenaufgang, die gefühlt immer die kälteste ist, wird es qualvoll. Meine Füße sind noch immer klamm und fühlen sich taub an. Ich darf mich davon jedoch nicht ablenken lassen. Mein Fokus muss auf meinen Aufgaben liegen.

Die unterschiedlichen Gebäude erfordern unterschiedliches Gerät. Hier eine Ramme. Da einen Bolzenschneider. Das Durchsuchen der Gebäude ist intensiv. Gibt es irgendwo eine Klappe im Boden – innen oder außen –, die in einen Keller führt? Gleiches gilt für das gesamte Gelände. Wir finden noch mehr Hunde vor, die teils sehr aggressiv sind. Es ist tricky, sie zu bändigen. Aber wir schaffen es, ohne dass Mensch oder Tier verletzt werden. In einem der halbzerfallen Häuser entdecken wir eine ältere Frau. Die Mutter der Zielperson. Von der Zielperson selbst jedoch noch immer keine Spur. Irgendwann sind wir mit allen Häusern durch. Einsatz beendet? Noch lange nicht. Bei Tageslicht arbeiten wir uns noch einmal über das gesamte Areal. Mittlerweile ist auch noch die Bereitschaftspolizei aus Hamburg dabei. Wir bilden Polizeiketten, wie man sie aus dem Fernsehen kennt, wenn eine Reihe von Beamten nebeneinandergeht und in einem bestimmten Areal Schritt für Schritt den Boden nach Spuren absucht. Bei der Suche nutzen wir auch Suchstäbe, mit denen wir die Beschaffenheit des Bodens prüfen. Nicht, dass sich irgendwo im Boden eine Klappe befindet, die in einen Unterschlupf führt. Stück für Stück arbeiten wir uns über das Gelände. Wir nehmen jeden Zentimeter in Augenschein, um sicherzugehen, dass die Zielperson wirklich nicht einfach in einem Versteck ausharrt.

Sogar das Nachbargrundstück suchen wir mit Erlaubnis des Besitzers ab.

Erst nach insgesamt 36 Stunden, von den wir rund 28 im Einsatz waren, brechen wir die Suche ab. Auf der Rückfahrt nach Hannover wird kaum ein Wort gesprochen. Alle schlafen. Wir müssen ständig den Fahrer wechseln. Nicht, dass der berüchtigte Sekundenschlaf am Steuer mal eben eine ganze Einsatzgruppe des SEK aus dem Spiel nimmt. Als wir endlich zu Hause ankommen, ist es bereits wieder dunkel.

Wir erfahren später von der Lebensgefährtin der Zielperson, dass der Mann sich zu Beginn unseres Einsatzes tatsächlich auf dem Gelände aufgehalten hatte. Es gelang ihm jedoch, sich eine Weile zu verstecken und schließlich zu fliehen. Das Netz, das wir um ihn herumgespannt hatten, ist diesmal nicht dicht genug gewesen. Die Flucht des Mannes ist jedoch nicht lange erfolgreich. Er wird drei Tage später in einer Wohnung in Hamburg festgenommen. Auch der Ursprung des Sprengstoffes, mit dem er gearbeitet hat, wird im Zuge der Polizeiarbeit, die unserem Einsatz folgt, gefunden. Von dieser Seite droht also auch keine Gefahr mehr. Ein Happy End mit Verspätung. Aber wenigstens ein Happy End.

Obwohl in diesen 36 Stunden kein einziger Schuss fiel und wir nicht einmal einen erfolgreichen Zugriff erreichen konnten, war dieser *Fallout*-Einsatz einer der anspruchsvollsten, die ich je erlebt habe. Ich musste dabei taktisch fast alles abrufen, was ich wusste. Die Zusammenarbeit mit den Hamburger Kollegen, die leicht andere Abläufen haben, erforderte noch einmal eine besondere Achtsamkeit. So wie überhaupt die Koordination dieser Vielzahl an Einsatzkräften. Körperlich wurde ich durch die schiere Länge des Einsatzes ebenfalls an meine Grenzen gebracht. Und dann waren da ja noch meine Füße.

Kapitel 13

Der nackte Gitarrenspieler – *Nothing else matters*

Dampfwalze? Können wir beim SEK. Feingefühl? Können wir auch. So wie bei einem Fall in Salzgitter: Ein Mann hatte angefangen in seinem Einfamilienhaus zu randalieren und richtig Terror zu machen. Solange er das in den eigenen vier Wänden tut, dabei niemand zu Schaden kommt und die Nachbarn mit der Lautstärke der Randale klarkommen, ist das erstmal seine Sache. Dieser Mann beschränkte seine Aktivitäten jedoch nicht nur auf sein Zuhause. Er begann auch, Sachen aus dem Fenster zu werfen. Wenig später griff er sogar zu einer Paintball-Pistole, mit der er wahllos auf Passanten schoss. Spätestens in diesem Moment wurde sein Treiben dann doch ein Fall für die Polizei. Und als der Mann dann noch auf die Idee kam, die Streifenpolizisten, die nach dem Rechten sehen wollten, mit einem Messer zu bedrohen, wurde sein Fall einer fürs SEK. Um Messerlagen in Wohnungen dürfen wir uns kümmern. Zumindest in Niedersachsen. Zudem bestand das Risiko, dass jemand, der eine Paintball-Waffe zu Hause hat, vielleicht noch andere Waffen besitzt. Sicher ist sicher.

Nachdem wir uns fertig und mit der Einsatzlage – soweit bekannt – vertraut gemacht haben, nähern wir uns dem Haus. Keine leichte Aufgabe bei einem freistehenden Haus mit zwei

Etagen. Weder von vorn noch von hinten gibt es einen halbwegs gedeckten Zugang. Wir suchen uns einen Weg, möglichst kurz und in einem günstigen Winkel zu den Fenstern, damit wir aus diesen nicht einfach beschossen werden konnten. Wir rennen. Dicht ran an die Hauswand, damit wir nicht von oben aus den Fenstern angegriffen werden können. Weiter zur Tür. Ein Fall für die Ramme. In Position bringen, Schwung holen, rumms. Tür geöffnet. Rein ins Haus. Ansprache der Zielperson. Bis dahin ist dieser Einsatz Routine.

Statt einer Antwort hören wir - nichts. Gleich links im Eingangsbereich befindet sich eine Treppe. Wir mögen keine Treppen. Treppenaufgänge sind immer schwierig. Wir arbeiten das Erdgeschoss taktisch ab und sichern es ... als wir plötzlich Musik hören. Sie kommt von oben und klingt nicht nach Konserve. Jemand hat offenbar angefangen, Gitarre zu spielen.

Wir hätten jetzt auch einfach die Treppe hochstürmen können. Doch unser Point Man hat eine andere Idee: Er ruft nach oben und will wissen, was der Mann, der offenbar unsere Zielperson ist, da spielt. Es dauert nicht lange, und die beiden unterhalten sich über das Gitarrenspielen und ihre liebsten Rock- und Metalbands. Minutenlang. In diesem Einsatz macht sich die psychologische Fortbildung bezahlt, die wir regelmäßig mit unseren Verhandlungsexperten durchführen. Bis unser Point Man schließlich sagt: »Sag mal, kannst du eigentlich auch Metallica?«

»Ja, klar«, kommt die Antwort. Wir hören, wie der Mann mit der Gitarre oben beginnt, »Nothing Else Matters« zu spielen. In diesem Moment gehen wir hoch. Immer noch wachsam. Nur, weil jemand für uns schön Gitarre spielt, heißt das nicht, dass er uns wohlgesonnen ist. Wir wissen nicht, ob der Mann allein ist. Ob er eine Waffe neben seiner Gitarre liegen hat. Ob er suizidgefährdet ist. Oder ob er bei unserem Anblick nicht doch noch die Flucht ergreifen will und auf die dumme Idee kommt, sich aus dem Fenster zu stürzen. Ein Einsatz ist immer erst vorbei, wenn er vorbei ist. Und wir wollen wie immer, dass möglichst niemand zu Schaden kommt. »Nothing Else Matters.«

Dieser Einsatz findet zum Glück wenige Augenblicke später ein glimpfliches Ende: Wir stehen in einem Trümmerfeld. Das Zimmer ist komplett zerlegt. Überall liegen Scherben herum – Reste von einem Spiegel –, die unter unseren Stiefeln knirschen. In dem Zimmer steht ein großes Bett. Auf dem Bett befindet sich unsere Zielperson. Komplett nackt. Mit seiner Gitarre im Schoß.

Der Zugriff gestaltet sich ohne große Gegenwehr. Wir merken schnell, dass der Mann nicht ganz bei Sinnen ist. Hinterher wird sich herausstellen, dass der Mann an einer Persönlichkeitsstörung sowie an Schizophrenie litt. Scheinbar hatte der Mann aufgrund des Konsums von Drogen einen Schizophrenie-Schub mit Wahnvorstellungen bekommen. Wir haben es leider häufiger mit psychisch erkrankten Menschen zu tun.

»Wir sind doch alle Freunde, oder?«, fragt er uns, als wir ihn festnehmen.

Kapitel 14

Im Maßregelvollzug – Wie man einen Gefängnisinsassen gefangen nimmt

Normalerweise ist es unser Job, dafür zur sorgen, dass die richtigen Leute hinter Gitter kommen. In diesem Fall befindet sich unsere Zielperson jedoch bereits hinter Gittern, und zwar in der Maßregelvollzugsanstalt. Entsprechend überrascht sind wir, als wir zu diesem Einsatz gerufen werden. Vielleicht sollte ich für diejenigen, die mit den Zuständigkeiten im Umgang mit Straftätern nicht so vertraut sind, erst einmal den Unterschied zwischen Strafvollzugsanstalt und Maßregelvollzugsanstalt erklären: Im Strafvollzug sitzen verurteilte Straftäter, die als vollkommen zurechnungsfähig gelten. Sie sind nicht nur schuldig, sondern auch schuldfähig. Sie haben ihre Tat mit freiem Willen begangen. Und sie wussten, dass sie mit ihrer Tat ein Unrecht begehen.

Das ist bei den Menschen, die im Maßregelvollzug sitzen, nicht der Fall. Oder zumindest nur zum Teil. Im Maßregelvollzug sitzen zum Beispiel Menschen mit psychischen Erkrankungen, einer Intelligenzminderung oder einer Suchterkrankung. Sie sind zwar zu Rechtsbrechern geworden, allerdings bewertet die Justiz auch ihre Schuldfähigkeit. Schränkt eine psychische Erkrankung oder eine Alkoholabhängigkeit den freien Willen eines Täters ein, ist er nicht oder nur vermindert schuldfähig. Etwa, wenn jemand unter Schizophrenie leidet und ihm die Stimme in seinem Kopf befiehlt, jemanden umzubringen. Ob tatsächlich so eine Erkrankung vorliegt, bewertet ein Gutachter. Dieser stellt außerdem fest, ob von diesem Menschen in Zukunft eine Gefahr ausgehen wird. Wer einmal zum Täter geworden ist, wird es womöglich auch ein zweites Mal tun. Folgen die Richter dem Gutachter hinsichtlich dessen Einschätzung der Schuldunfähigkeit, landet ein solcher Täter im Maßregelvollzug – einer Mischung aus Gefängnis und Klinik. In der forensischen Psychiatrie können die Täter einerseits therapiert, aber eben auch sicher verwahrt werden.

An diesem Tag ist in der Maßregelvollzugsanstalt Moringen allerdings etwas schiefgelaufen: Ein Insasse hat einen Pfleger mit einem Messer angegriffen. Das kommt leider häufiger vor. Wer den Alltag der Pfleger kennt, weiß, dass sie viele Probleme selbst geregelt bekommen. Sogar Messerangriffe. Es ist ein harter Job. In diesem Fall hat sich der Täter nach dem Angriff immer wieder auf der Toilette in seiner Zelle verschanzt. Die Tür dort lässt sich abschließen. Das wird manchen Patienten erlaubt, wenn ihre psychische Erkrankung einen bestimmten Grad nicht überschreitet. Im normalen Alltag ist es eine Frage der Menschenwürde.

Heute macht uns diese Entscheidung das Leben schwer. Klar könnten wir einfach in das Zimmer reingehen. Weder die Zimmertür noch die Toilettentür stellen ein Problem für uns dar. Allerdings sind wir nicht angetreten, um den Mann möglicherweise in den Suizid zu treiben. Wir wollen ihm auch nicht die Gelegenheit geben, uns mit dem Messer anzugreifen. Wir sind schließlich gekommen, um ihn unbeschadet in Gewahrsam zu nehmen. Über eine Kamera können wir das Zimmer einsehen. Er ist so klein, dass es keinen Sinn macht, mit Distanzstangen zu arbeiten. Wir könnten uns damit nicht flexibel genug bewegen und würden uns nur unnötig gefährden.

Wann immer ein Geräusch an der Tür zu hören ist, zieht sich unsere Zielperson wieder in die Toilette zurück. Unser Plan sieht vor, dass wir versuchen, einen Moment abzupassen, in dem der Weg zur Toilette für den Patienten möglichst weit ist. In der Tür befindet sich eine Klappe, die wir von außen öffnen können. Sobald das Signal zum Zugriff kommt, wollen wir die kleine Klappe benutzen und durch sie hindurch mit dem Taser arbeiten. Der muss den Mann treffen, bevor dieser wieder auf der Toilette verschwinden kann.

Schon komisch: Eigentlich sind wir dazu da, dem Mann in der Zelle zu helfen. Doch sobald wir die Zelle betreten, sind wir in seiner Realität sein Feind.

Einsätze mit psychisch kranken Personen fühlen sich für alle Beteiligten schrecklich an. Es ist etwas anderes, einem Gewalttäter gegenüberzustehen, bei dem du sicher sein kannst, dass er genau weiß, was er tut. Wenn wir es mit einer offensichtlich psychisch kranken Zielperson haben, wissen wir: dieser Mensch kann eigentlich nichts dafür. Der ist nicht er selbst. Wir haben Mitleid. Das wiederum kann für uns gefährlich werden. Reagieren wir dadurch womöglich zu spät? Oder falsch? Es ist und bleibt ein Dilemma, in dem wir einen klaren Kopf behalten und unsere Emotionen bestmöglich ausschalten müssen.

In den kommenden anderthalb Stunden entwickelt sich ein Katz-und-Maus-Spiel: Vor der Tür sind die Kollegen wie an einer Perlenkette aufgereiht. Der Taser ist ebenfalls bereit. Meine Aufgabe ist es, die Bewegungen der Zielperson am

Monitor zu verfolgen und den geeigneten Moment für den Zugriff abzupassen. Es ist unglaublich schwierig. Die Kollegen und ich müssen die Spannung aufrechterhalten. Ständig voll konzentriert und einsatzbereit sein. Von 0 auf 100 in einer Sekunde. Ein-, zweimal sind wir kurz davor zuzugreifen. Aber dann passt es doch nicht. Es heißt weiter warten.

Dann endlich ergibt sich eine Gelegenheit. Ich gebe das Kommando. Und hoffe inständig, dass die Kamera nicht allzu viel Verzögerung hat. Nicht, dass ich meine Kollegen umsonst in den Raum schicke. Oder gar wegen eines technischen Delays einer unnötigen Gefahr aussetze.

Auf dem Papier mag unser Plan funktional und einleuchtend gewesen sein. In der praktischen Durchführung erweist er sich als kompliziert. Wir öffnen die Klappe in der Tür. Ein Schuss mit dem Taser. Unsere Zielperson wird getroffen. Sie krampft. Soweit alles planmäßig. Doch dann löst sich einer der Pfeile während des Krampfens. Vielleicht reicht auch deshalb die Betäubung nicht aus. Der Mann kann sich aufraffen, während wir durch die Tür ins Zimmer kommen. Ich bin immer wieder überrascht, welche Kräfte Menschen in Ausnahmesituationen entwickeln können. Es sind Kräfte, auf die man nicht hintrainieren kann. So auch dieses Mal.

Der Mann stürmt trotz des Taserbeschusses zu seiner Toilettentür. Er will sie gerade zuziehen, als einer meiner Kollegen ebenfalls an der Tür dran ist, sodass sie nicht mehr verriegelt werden kann. Doch erst, als ein zweiter Kollege ebenfalls an der Tür zieht, bekommen wir sie einen Spalt weit auf. Als unsere Zielperson merkt, dass die Tür nicht mehr zu halten ist, lässt er sie los. Einer der beiden Kollegen an der Tür fällt durch das plötzliche Nachgeben der Tür nach hinten um. In diesem

Moment setzt die Zielperson zu einem Angriff auf den anderen Kollegen an. Mit dem Messer in der Hand. Der Kollege wehrt den Angriff ab. Die beiden rollen im Nahkampf über den Boden. Ich kann das Messer nicht mehr sehen. Steckt es womöglich schon in einem der beiden Körper?

Bange Sekunden später dann die Erleichterung: Die Zielperson ist gesichert. Niemand ist verletzt.

Wie nach jedem Einsatz stellen wir uns die Frage: Was hätten wir besser machen können? Ich habe die Erfahrung gemacht, dass Messerlagen für so manchen harmlos erscheinen. In Filmen und Serien sieht man schließlich oft genug, wie selbst ein Unbewaffneter sich angeblich mit ein paar coolen Armbewegungen und Körperdrehungen gegen einen Messerangreifer ganz easy selbst verteidigen und ihn binnen Sekunden entwaffnen kann. Aber ganz so einfach, wie sie oft dargestellt werden, sind Messerlagen nicht. Jeder, der das nicht glauben will, sollte sich im Netz mal ein paar Videos anschauen, in denen Messerangriffe realistisch dargestellt werden. Und zwar nicht nur von der Seite, sondern aus der Perspektive der angegriffenen Person.

Diese Videos verdeutlichen, wie unglaublich gering die Reaktionszeit zum Angreifer tatsächlich ist. Selbst mit einem vermeintlich sicheren Abstand von fünf Metern. An einen gezielten Schuss in den Arm oder ins Bein ist unter solchen Umständen kaum zu denken. Das ist einfach unrealistisch. Umso erstaunlicher finde ich, dass nach Einsatzlagen immer wieder Wortmeldungen, auch von Politikerinnen und Politikern, kommen, die fragen, warum kein Warnschuss abgegeben wurde. Warum der Täter nicht angriffsunfähig geschossen wurde. Die einfachste Antwort auf diese Fragen wäre wohl: »Weil wir uns nicht in einem Hollywoodfilm befinden.«

In einem realen Angriffsszenario bleibt kaum einmal die Zeit für einen Warnschuss. Wer die Sekundenbruchteile, die er hat, in einen sinnlosen Warnschuss investiert, hat kurz danach ein Messer im Bein oder im Hals stecken. Ein Warnschuss in die Luft schenkt dem Täter Zeit. Und die ohnehin schon knappe Reaktionszeit des Beamten oder der Beamtin geht gegen Null. Ich würde mir wünschen, dass alle, die solche Warnschuss- oder Beinschuss-Kommentare in der Öffentlichkeit abgeben, mal in ein Training gehen, um die Realität einer Messerattacke zu erleben. Ich bin sicher, dass wir danach ganz anders über das taktische Vorgehen der Polizei und der Spezialeinsatzkräfte reden würden.

Klar trainieren wir auch den Nahkampf. Und klar trainieren wir auch alle Möglichkeiten, die wir unbewaffnet gegen einen Messerangriff haben. Eine der Wichtigsten ist zum Beispiel, sich so zum Täter zu stellen, dass man nach hinten oder wenigstens zur Seite ausweichen kann. Aber gerade, weil wir all diese Dinge trainieren, wissen wir, dass es den magischen Move, mit dem buddhistische Karatemeister und Shaolin-Mönche in Filmen jeden Angreifer einfach ins Leere laufen lassen, nicht gibt. Und wir wissen, wie gefährlich es ist, sich mit einem Messerangreifer im Nahkampf zu befinden. Unsere Rüstung hat Schwächen. Wir arbeiten bei anderen Einsätzen nicht umsonst mit den Distanzstangen und unserem »Kettenmann« mit einem Kettenhemd. Die Stangen helfen uns, die Zielperson zu fixieren, sodass wir ihr gefahrlos das Messer abnehmen können. Das Kettenhemd sichert auch die Bereiche, die durch unsere normale Rüstung nicht geschützt sind. Hätte sich der Nahkampf im Maßregelvollzug vermeiden lassen? Was auf jeden Fall die bessere Option gewesen wäre ... Vielleicht, wenn der Taser voll gewirkt hätte. Hat er aber nicht.

Ich habe das Geschehen in der Zelle die ganze Zeit am Monitor mitverfolgt. Eine merkwürdige Perspektive, die mich zum Teil an ein Computerspiel erinnerte. Einerseits war ich Teil des Teams. Andererseits war ich es nicht. Ich habe mich die ganze Zeit in Sicherheit befunden. So wie ein Gamer in seinem Sessel. Und dennoch hätte meine Entscheidung am Monitor Auswirkungen auf das echte Leben können. Auf das meiner Kollegen und auf das unserer Zielperson. Was wir machen, ist eben kein Spiel. Auch wenn es manchmal wie eines aussieht.

In mir bleibt ein Gefühl der Ohnmacht zurück. Nicht eingreifen können, meinen Kollegen nicht physisch beistehen zu können, fühlt sich für mich falsch an. Den nächsten Einsatz am Monitor? Kann gern ein anderer übernehmen. Ich werde mich nicht darum reißen.

Kapitel 15

Eine ganz und gar nicht stille Nacht – Heiligabend mal anders

Weihnachten ist mein absolutes Lieblingsfest. Ich liebe und zelebriere die Feiertage. Klar weiß ich, dass die Weihnachtszeit sehr durchkommerzialisiert ist. Aber der Teil ist mir selbst nicht wichtig. Ich verbinde mit Weihnachten einfach unheimlich viele Erinnerungen an die gemeinsame Zeit mit meiner Familie. Am Heiligen Abend, aber auch an den Tagen danach. Ich mag auch die Vorfreude in der Vorweihnachtszeit, die sich Tag für Tag langsam steigert. Zu meinen schönsten Erinnerungen gehören die Momente als Kind unter dem Weihnachtsbaum, wenn ich mal wieder ein Lego-Set geschenkt bekommen hatte und ich mit meinen Opa und mit meinem Vater angefangen habe, die Sache aufzubauen. Meine Eltern gaben sich für uns Kinder immer unglaublich viel Mühe. Sie machten in den Schnee vor unserem Haus – ja, als ich klein war, gab es an Weihnachten noch Schnee – täuschend echte Schlitten- und Rentierspuren. Und natürlich auch die Fußspuren des Weihnachtsmannes.

Der Weihnachtsbaum wurde bei uns erst an Heiligabend aufgestellt. Fürs Schmücken waren meine Mutter und wir Kinder – mein Bruder und ich – verantwortlich. Währenddessen vertrieb sich mein Vater die Zeit mit alten Bibelfilm-Klassikern.

Es herrschte eine entspannte Stimmung, trotz der Aufregung um die Geschenke.

Dieses Herunterkommen am Jahresende, das kurze Innehalten mag ich noch heute. In meiner Zeit beim SEK war mir jedoch klar, dass ich an Weihnachten nicht nur ausspannen würde. Gleich in meinem ersten Jahr sollte ich meine allererste Rufbereitschaft an Heiligabend erleben. Der Baum war geschmückt. Die Geschenke waren eingepackt. Und ich hatte den ganzen Tag das Gefühl, dass ich den Abend nicht daheim bei meiner Freundin verbringen werde. Ich sollte Recht behalten.

Wir sind beinahe mit dem Essen fertig, als das Telefon klingelt. Ein Fall von häuslicher Gewalt. Ein Mann soll seine Frau bedroht und geschlagen haben. Mehr als 27 000 Fälle von häuslicher Gewalt geschehen jedes Jahr allein in Niedersachen. Das sind mehr als 70 an jedem einzelnen Tag. In jeder Stunde drei Taten! Die Wahrscheinlichkeit, dass jetzt gerade in diesem Moment, während du dieses Buch liest, wieder eine Frau von einem Mann angegriffen wird, ist ziemlich hoch. Und in der Weihnachtszeit häufen sich die Einsätze wegen häuslicher Gewalt. Es ist für Frauen die gefährlichste Zeit des Jahres.

Dabei sollte Weihnachten doch eigentlich das Fest der Liebe sein. Das Problem, sagt zumindest die Wissenschaft, scheint zu sein, dass die Menschen einander an den Feiertagen nicht aus dem Weg gehen können. Kaum jemand muss arbeiten. Stattdessen hocken alle zu Hause. Es gibt hohe Erwartungen: Der eine will seine Ruhe. Der andere etwas erleben oder gemeinsam etwas unternehmen. Gleichzeitig soll aber auch alles bilderbuchmäßig sein und alle sollen sich gut benehmen. Dabei ist in vielen Familien eben nicht »Heile Welt«, und das wird einem dann besonders schmerzlich bewusst. Die Emotionen kochen hoch. Können diese Alltagskonflikte nicht vernünftig gelöst werden, sehen gar nicht mal so wenige Männer anscheinend nur eine Möglichkeit: Sie schlagen zu. So wohl auch in diesem Fall.

Wir werden hinzugerufen, weil der Mann in der Vergangenheit bereits polizeilich auffällig geworden ist. Er hat seine Frau wohl schon häufiger geschlagen und sich auch der Polizei gegenüber aggressiv gezeigt. Gewaltbereit zu sein ist das eine. Gewaltbereit gegenüber Einsatzkräften zu sein, hat noch einmal eine andere Qualität. Außerdem werden in seiner Wohnung Waffen vermutet.

Der Einsatz bringt uns zu einem Einfamilienhaus, das in einem Neubaugebiet in zweiter Reihe liegt, also nicht direkt an der Straße. Zum Haus führt nur ein kleiner Durchgang. In der oberen Etage brennt Licht. Die Einsatzkräfte, die uns gerufen haben, und das Observierungsteam gehen daher davon aus, dass sich unsere Zielperson dort aufhält. Wie üblich erkunden wir das Areal auch noch einmal selbst. Mit zwei Kollegen in Zivil. Sie tragen gemütliche Jogginghosen und haben Zigaretten im Mund. Keine Ahnung, warum, aber wir haben die Erfahrung gemacht, dass Raucher auf Menschen offensichtlich unverdächtiger wirken als Nichtraucher.

Die beiden machen mit dem Handy ein paar Bilder. Es hilft uns sehr, wenn wir vorher noch einmal einen Blick auf das Haus werfen können: Wo befindet sich die Tür? Wo die Fenster? Gibt es irgendwo Stufen? Kieswege? Sträucher? Einen Zaun? Oder einen Mauervorsprung? Wir müssen ja nicht nur in das Haus reingelangen, sondern auch unsere Sicherungspositionen finden. Es gibt Einsätze, da sind wir froh, wenn die Mülltonnen nicht irgendwo versteckt und verschlossen sind, sondern vor dem Haus für die Entleerung bereitstehen, sodass wir sie als Deckung nutzen können.

Auf der Rückseite des Hauses entdecken wir eine große Fensterfront mit Terrassentür. Während an der Tür die Jalousie bis auf den Boden geht, ist sie an den Fenstern nur zu einem Viertel heruntergelassen. Ist das eine Möglichkeit für uns, einfach in das Haus hereinzukommen? Wenn wir die hintere Fensterfront entglasen? Wir überprüfen unsere Optionen genau und entscheiden uns dafür, vorne klassisch mit Hydraulik reinzugehen und hinten eine Ablenkung mit einer Mehrzweckpistole (MZP) ins Haus zu schicken, um den Kollegen an der Tür mehr Zeit zu verschaffen. Die MZP kann mit verschiedenen Patronen verwendet werden. Es gibt zum Beispiel Leuchtmunition, die wir in die Luft schießen können und die dann für etwa 20 Sekunden ein bestimmtes Areal bei Nacht für uns ausleuchtet. Mit der MZP lässt sich aber auch Tränengas verschießen. Oder aber sie funktioniert wie in unserem Fall heute wie ein kleiner transportabler Granatwerfer, mit dem Sprengkörper schnell und unkompliziert verschossen werden können.

Zusammen mit einem Kollegen übernehme ich den Ablenkungspart. Das Sichern der Position im Garten ist schwierig. Es gibt keine richtige Deckung. Der Zaun bietet zwar keinen Schutz gegen Kugeln, aber immerhin ein wenig Sichtschutz. Und wie haben wir es in unserer Ausbildung gelernt: Der schlechteste Schutz ist immer noch besser als gar keiner.

Wir stellen uns darauf ein, dass die Bewegung hin zur Wand des Hauses und an ihr entlang problematisch wird. Das Haus ist mit einem Spritzschutz umzogen. Der schmale Kiesstreifen hält Regenwasser davon ab, gegen die Fassade zu spritzen und dort Schmutz zu hinterlassen. Für uns sind diese Kiesstreifen potenzielle Verräter unserer Position. Das Knirschen der Steine unter unseren Schuhen kann – wenn wir nicht gut aufpassen – zu laut sein. Wir selbst tragen bei unseren Einsätzen übrigens einen Gehörschutz, der dafür sorgt, dass Schüsse oder, wie heute, die Explosion einer Ablenkungsgranate nicht aufs Trommelfell gehen. Bei Knallgeräuschen regelt der Schutz automatisch ab. Dennoch können wir ihn individuell einstellen und selbst entscheiden, wie viele Umgebungsgeräusche wir hören können. Die meisten von uns drehen die Umgebungsgeräusche voll auf. Es ist wichtig für uns, so viel wie möglich wahrnehmen zu können. Wir müssen wissen, ob und welche Geräusche im Haus entstehen. Und auch, welche Geräusche wir selbst verursachen. Zum Beispiel, wenn wir uns über den Spritzschutz bewegen. Wie laut wir selbst im Einsatz waren, ist immer wieder auch ein Thema bei unseren Nachbesprechungen. Gerade am Anfang ist der Gehörschutz gewöhnungsbedürftig. Selbst das Knistern deiner Jacke ist plötzlich so laut, dass du denkst: *Da hätten wir auch gleich an der Tür klingeln können.*

Bei diesem Einsatz stimmen Timing und Bewegung ins Haus. Wir öffnen vorn die Tür. Geben uns sofort als Polizisten zu erkennen. Arbeiten hinten am Haus mit der Ablenkung, indem wir mit der MZP eine Blendgranate durch das Fenster schießen. Die Kollegen vorn gehen ins Haus.

Es ist leer.

Offensichtlich ist bei der Observierung etwas gehörig schiefgelaufen. Nicht nur, dass wir ganz umsonst Teile des Hauses zerlegt haben, wir müssen unseren Kollegen auch melden, dass unsere Zielperson irgendwo anders unterwegs ist. Ob in einem anderen Haus oder auf der Straße? Ob mit oder ohne Waffe? Wir wissen es nicht.

Fehler passieren. Aber sie fühlen sich nicht gut an. Weil unsere Fehler immer auch die Autorität der Polizei an sich untergraben können. An diesen Weihnachtsabend hängt auch bei uns im SEK der Haussegen schief.

Ein paar Monate später werde ich erleben, dass es noch ein bisschen schlimmer geht: Statt in einer leeren Wohnung stehen wir in der falschen. Und das kann öfter vorkommen, als du denkst.

Kapitel 16

Falsch geklingelt – Eine fatale Verwechslung

Ein Fall wie viele andere: Eine Frau meldet, dass sie von ihrem Mann mit einer Schusswaffe bedroht werde. Sie habe außerdem Schnittverletzungen. Es ist abends. Die Kollegen, die die Meldung aufnehmen, vermuten aufgrund der Kommunikation während des Anrufs, dass die Frau unter dem Einfluss von Alkohol oder anderen Betäubungsmitteln steht. Ab dem Zeitpunkt der Meldung greift wie gewohnt ein Rädchen ins andere: Die Kollegen von der Voraufklärung machen sich auf den Weg. Beim SEK wird die Rufbereitschaft alarmiert.

Das Haus, in das wir diesmal müssen, ist ein Mehrfamilienhaus. Es hat keinen klassischen Aufbau, bei dem sich zwei oder mehrere Wohnungen pro Etage gegenüberliegen: Ebene 0, Ebene 1, Ebene 2. Können wir hier vergessen. Stattdessen folgt auf Höhe der einen Wohnung eine halbe Ebene, auf der sich die nächste Wohnung befindet. Für Freunde moderner Architektur ein Fest. Für das SEK nicht. An Grundrisse kommen wir zu so später Stunden auch nicht ran. Um wirklich sicher zu gehen, fragen wir viermal bei den Kollegen von der Voraufklärung nach, ob die angegebene Wohnung die Richtige sei. Sie bestätigen.

Also legen wir los. Die Tür stellt unsere Öffnungsspezialisten vor keine größeren Probleme. Mit der Zwei-Mann-Ramme heben wir binnen Sekunden die Tür aus den Angeln. Manchmal wundere ich mich, wie einfach das Öffnen von Türen geht. Beziehungsweise, wie einfach es unsere Öffnungsspezialisten aussehen lassen. Wir anderen müssen uns um Türen oder Tore gar keinen Kopf mehr machen. Umso stärker liegt unser Fokus auf Taktik und Sicherung. Sobald die Tür offen ist, gehen wir in die Wohnung rein.

Es dauert keine Minute und wir wissen, dass etwas nicht stimmen kann. In der Wohnung sind zu viele Personen. Drei entsetzte Augenpaare starren uns an wie die berühmten Rehe im Scheinwerferlicht.

Einen Moment lang bewegt sich niemand. Es ist totenstill im Raum. Ich schaue in die weit aufgerissenen Augen eines Jugendlichen, vielleicht 14 oder 15 Jahre alt. Der ist wohl kaum der Täter. Sein Vater ähnelt der uns beschriebenen Zielperson ebenfalls nicht. Und auch die anwesende Frau macht weder einen bedrohten noch einen verletzten Eindruck.

Mein erster Gedanke: *Hoffentlich kriegt keiner dieser Leute hier einen Herzinfarkt.* Mein zweiter: *Hoffentlich trägt keiner ein bleibendes Trauma von diesem Erlebnis davon.* Viel weiter kann ich vorerst nicht denken. Die Kollegen auf den Sicherungspositionen im Treppenhaus funken uns an, weiter oben sei eine Tür aufgegangen. Sie hätten einen Mann gesehen, der aussieht wie unsere Zielperson. Wir improvisieren: Fast alle Mann die Treppe rauf. Die richtige Wohnung sichern.

Wenige Augenblicke später haben wir die richtige Person. Wenigsten bleibt die zweite Tür ganz. Ironie off. Bei dem Mann, den wir eigentlich gesucht haben, handelt es sich um einen Junkie. Und womöglich auch um einen Dealer. Die Frau, wohl ebenfalls abhängig, finden wir nicht mehr in der Wohnung vor.

Ebenso wenig wie eine Schusswaffe. Zumindest die Drogen können wir sicherstellen.

Googelt man »SEK in der falschen Wohnung«, tauchen eine ganze Reihe von Fällen aus verschiedenen Jahren und unterschiedlichen Gegenden auf. Dortmund. Essen. Bielefeld. Troisdorf. Köln. Rollshausen. Und das sind nur die Fälle, die an die Öffentlichkeit gelangen. Nicht immer sind wir an der Verwechslung schuld. Es gibt auch Fälle, in denen jemand sich einen »Spaß« erlauben und einem Nachbarn oder Kollegen eins auswischen will. Da wird dann mal eben eine Bedrohung mit einer Waffe erfunden. Wahrscheinlich denken die meisten Anrufer, dass dann erstmal die Polizei höflich klingelt. Dass eine Messer- oder Schusswaffenlage in der Regel das SEK auf den Plan ruft, haben viele einfach nicht auf dem Schirm.

Tja, und dann stehen wir da plötzlich in der Wohnung. In voller Montur. Mit Maschinengewehren. Womöglich sogar mit Nachtsichtgeräten. Und bereiten den Leuten den Schreck ihres Lebens. Es ist einfach etwas anderes, wenn du dich in einem bestimmten Milieu bewegst und eine leise Ahnung davon hast, dass du früher oder später doch einmal mit der Polizei in Konflikt kommen könntest. Du reagierst anders auf einen SEK-Einsatz bei dir zu Hause, wenn du die Möglichkeit vorher zumindest schon mal in Erwägung gezogen hast. Erlebst du jedoch als unbescholtener Bürger, wie mir nichts dir nichts deine Wohnungstür aufgebrochen wird und Polizisten ihre Waffen auf dich richten, reden wir schnell von Todesangst.

In der Regel reagieren Zivilisten zum Glück instinktiv mit Erstarrung – so wie die Familie in unserem Beispiel. Sie rühren sich nicht mehr und lassen alles über sich ergehen. Für den Augenblick im Einsatz hilft uns diese Schockstarre. Es gibt keine falschen Bewegungen bei potenziellen Zielpersonen, auf die wir reagieren müssen. So eskaliert wenigstens die Situation nicht weiter. Das bedeutet aber nicht, dass es ihnen hinterher gut damit geht. Im Gegenteil: Dieses intensive Gefühl der Ohnmacht, uns Polizisten ausgeliefert zu sein, dass ihr Leben in diesen Sekunden in unseren Händen liegt – was es ja wirklich tut –, kann sich tief in die Seele von Menschen eingraben. Frauen verkraften solche traumatischen Erlebnisse übrigens statistisch gesehen schlechter als Männer. Die Wahrscheinlichkeit, eine Posttraumatische Belastungsstörung zu entwickeln, ist bei ihnen doppelt so hoch wie bei Männern. Warum das so ist, weiß bis heute noch niemand.

Doch Todesangst kann bei Menschen auch zu einem Energieschub führen. Und zu einer Menge an ziemlich dummen Ideen. Im Körper werden in solchen Momenten Unmengen an Adrenalin und Cortisol ausgeschüttet. Wer Todesangst verspürt, erreicht daher mitunter einen Punkt, an dem er gefühlt nichts mehr zu verlieren hat. Das Gefühl ist plötzlich: »Ich bin ja ohnehin schon so gut wie tot. Ich habe nichts mehr zu verlieren.« Und das kann dazu führen, dass einem Menschen von einer Sekunde auf die andere alles komplett egal wird. Seine moralischen oder ethischen Grenzen können gesprengt werden. So jemand ist plötzlich zu allem fähig. Und dann heißt es womöglich *fight or flight* – Angriff oder Flucht.

Wie reagieren wir richtig, wenn jemand plötzlich losstürmt und aus dem Fenster springen will? Oder wenn er versucht, sich eine Waffe zu schnappen? Ich habe von einem Fall gelesen, in dem ein Mann gerade dabei war, eine Wassermelone zu schneiden, als das SEK seine Wohnung stürmte. Er hatte also ein ziemlich großes Messer in der Hand. Seine kleine Tochter war ebenfalls in der Wohnung. Eltern, die ihr Kind beschützen wollen, neigen ebenfalls nicht unbedingt zur totalen Kooperation. Zum Glück wurden weder der Mann noch das Kind körperlich versehrt. Was da hätte alles schief gehen können! Und zwar nur wegen der Verwechslung von Erdgeschoss links und Erdgeschoss rechts wegen den Klingelschildern, die in dem Treppenhaus des Gebäudes leicht versetzt angebracht waren.

Umso erstaunlicher finde ich, wie unsensibel Polizeibehörden mitunter mit diesen Fällen umgehen. Oft werden die Leute mit den Folgen eines solchen Einsatzes komplett allein gelassen. Um das Bürokratische kümmern sich andere Stellen. Es gibt eine neue Tür, einen Strauß Blumen, einen Teddybären als Trost, eine Entschuldigung. Das war's. Geben wir hier als Polizeibehörde wirklich das bestmögliche Bild ab, wie es eigentlich unser Anspruch sein sollte? Ich denke, dass wir hier vieles besser machen könnten. Menschen, in deren Privatsphäre derart gewaltsam eingedrungen wurde, haken das in der Regel nicht einfach so ab. Hätte ich bei der Polizei etwas zu sagen gehabt, gäbe es im Fall der Fälle eine kleine *Task Force*, die sich hinterher um die Betroffenen kümmert. Die Schadensersatz- und Regressansprüche einigermaßen großzügig regelt. Und die vor allem die Betroffenen psychologisch begleitet, bis es ihnen wieder gut geht.

Es gibt Menschen, die können nach einem solchen Einsatz erstmal nicht mehr in die eigene Wohnung zurück. Sie fühlen sich dort nicht mehr sicher und durchleben jeden Abend wieder und wieder die Angst, bedroht zu werden. Falls bei dir zu Hause oder bei einem Bekannten schon einmal eingebrochen worden ist, ist dir dieses Gefühl vielleicht vertraut. Sich in seiner eigenen Wohnung nicht mehr sicher zu fühlen, ist keine

Lappalie. Es gibt auch Paare, die nach so einem Einsatz in ihrer Beziehung Probleme bekommen. Plötzlich heißt es: »Warum hast du dich nicht gerührt? Warum hast du mich nicht beschützt? Wo warst du, als ich dich gebraucht habe?« Dass der Partner von der Situation ebenfalls überfordert war, wird nicht unbedingt gelten gelassen. Die wenigsten schaffen es, solche Vorwürfe und Zerwürfnisse ohne professionelle Hilfe zu bewältigen. Und diese professionelle Hilfe muss man ja auch erstmal suchen und finden. Jeder, der sich schon mal mit dem Thema Therapie beschäftigt hat, weiß, wie kompliziert und langwierig es ist, überhaupt einen Therapieplatz zu bekommen. Warum ist das kein Automatismus nach einem solchen Einsatz? Als Verursacher dieses Traumas wäre es in meinen Augen Aufgabe der Polizei, alles Menschenmögliche zu unternehmen, um das wieder gerade zu rücken. Auch, um das Vertrauen in uns als Vertreter des Staates wieder herzustellen.

In unserem Fall ging die Türverwechslung zum Glück glimpflich aus. Obwohl die Wohnung, in die wie fälschlicherweise eingedrungen sind, einem Anwalt gehörte. Falls du jetzt denken solltest: »Komisch, dass Junkie und Anwalt so Tür an Tür leben« ... das kommt durchaus häufiger vor. Vertraue niemals dem gepflegten äußeren Eindruck eines Hauses. Überhaupt habe ich in meiner Zeit bei der Polizei die Erfahrung gemacht, dass Kriminalität sich durch alle Gesellschaftsschichten zieht. Kriminalität beschränkt sich nicht auf sozial schwächere Menschen. Im Gegenteil, in der Regel verändert sich nur die Art der Kriminalität mit der Gesellschaftsschicht. »Unten« der Drogenjunkie, der sich seine Sucht finanziert, in dem er selbst dealt. »Oben« der Chirurg oder Anwalt, der Kokain braucht, um Leistung zu bringen oder der, ob des vielen

Geldes, das er verdient, in Kapitaldelikte verstrickt ist. Auch ein Thema wie die Kinderpornografie zieht sich durch alle Gesellschaftsschichten. Und wer glaubt denn überhaupt noch daran, eine Gesellschaft in »unten« (böse) und »oben« (gut) einteilen zu können?

Während wir als SEK es im Drogenbereich meist nur mit Dealern und nicht mit den Konsumenten zu tun bekommen, fordern uns die Fälle von Kinderpornografie besonders. Mental und einsatztechnisch.

Kapitel 17

Höchstgeschwindigkeit – Daten sichern für die Strafverfolgung

Bei Einsätzen, die mit Kinderpornografie zu tun haben, geht es für uns ganz oft darum, schnell zu sein. Klar müssen wir auch den Täter stellen. Aber was hier oft noch viel wichtiger ist: Wir müssen die Daten und Beweise sichern, die dafür sorgen, dass die Ermittlungen im Vorfeld nicht umsonst waren und die Person hinterher auch verurteilt werden kann. Was uns dabei manchmal in die Karten spielt, ist die Tatsache, dass die Täter teils immer unbedarfter werden. Sie teilen Videos oder Bilder nicht mehr nur im Darknet, wie der nicht offiziell zugängliche »finstere« Teil des Internets genannt wird, sondern auch im Clear-Web, wo jeder Benutzer in der Regel eindeutig identifizierbar ist.

Wer Zugang zum Darknet bekommen will, muss genaue URLs kennen. Die Seiten dort lassen sich nicht über die Google-Suche finden. Man benötigt spezielle Browser und einen Anschluss an das TOR-Netzwerk. Im Darknet können Menschen Waffen kaufen, sich illegale Medikamente oder Drogen besorgen oder eben Zugriff auf kinderpornografische Inhalte bekommen. Dabei ist das Darknet nicht per se schlecht. In Ländern, in denen es zum Beispiel mit der Meinungs- und Pressefreiheit nicht so weit her ist, können Menschen über das

Darknet Nachrichten austauschen und sich organisieren, ohne so leicht von offiziellen Behörden gefunden zu werden. Alles hat eben zwei Seiten.

Die relativ leichte Verfügbarkeit von Kinderpornografie im Internet und die einfache Möglichkeit des digitalen Austausches von kinderpornografischen Inhalten hat zu einem drastischen Anstieg der polizeilich registrierten Fälle geführt. Verzeichneten wir 2016 noch rund 5700 Fälle, waren es 2022 bereits 42 000.

Die meisten Zugriffe im Bereich der Kinderpornografie sind geplante Einsätze. Oft sind es großangelegte Razzien, bei denen wir versuchen, ganze Kinderporno-Ringe zu zerschlagen. Dabei kann es vorkommen, dass plötzlich Rechner aus dem Fenster geworfen werden. Die meisten Täter wissen sehr genau, was sie tun. Sie sind sich bewusst, dass das, was sie tun, strafbar ist. Und häufig handelt es sich um sehr intelligente Menschen. Lehrer, Richter, Anwälte ... Diese Menschen sind oft auch darauf vorbereitet, die strafbaren Inhalte schnell verschwinden zu lassen, wenn plötzlich das SEK durch die Tür marschiert. Besonders bei technikaffinen Tätern haben wir es mitunter schwer damit, Beweismaterial sicherzustellen. Ohne zu sehr ins Detail zu gehen: Rechner lassen sich manipulieren. Da kann eine bestimmte Tastenkombination blitzschnell die Festplatte formatieren. Oder die Face-Cam muss den Besitzer des Rechners immer im Bild haben. Verschwindet er aus dem Bild, zerstört sich der Rechner selbst. Es kann auch sein, dass eine bestimmte Taste gedrückt sein muss, damit der Rechner sich nicht selbst löscht. Oder die Maus muss in einem bestimmten Turnus bewegt werden. Selbst ein Befehl an einen Sprachassistenten wie »Alexa« kann verhindern, dass wir Zugriff auf die

Daten bekommen. Es gibt wie gesagt eine ganze Reihe an Möglichkeiten. Auf die wir uns natürlich ebenfalls vorbereiten.

Allerdings steht uns unsere eigene Sicherheit bei solchen Einsätzen selbst ein bisschen im Weg. Ich hatte ja von dem Vorfall erzählt, bei dem ein SEK-Kollege von einem Mitglied der *Hells Angels* erschossen wurde. Und der Täter Recht bekam mit seiner Behauptung, in Notwehr gehandelt zu haben, weil sich das SEK nicht zu erkennen gegeben hatte und er dachte, die *Bandidos* stehen vor seiner Tür und wollen ihm an den Kragen. Seitdem geben wir uns immer gleich beim Reinfließen in die Wohnung zu erkennen. Und geben den Tätern damit auch einen Handlungsspielraum: »Gebe ich auf? Vernichte ich schnell noch Beweise? Habe ich Fluchtmöglichkeiten?«

Wenn wir durch die Tür gehen, stehen wir in der Regel nicht gleich vor dem Täter. Wir müssen Raum für Raum sichern. Auch zu unserem eigenen Schutz. Das dauert ein bisschen, egal, wie sehr wir uns beeilen. Ohne die Warnung »SEK!« ist die Wahrscheinlichkeit, dass ein Täter von unserem Eindringen überrascht wird, etwas größer. Aber diesen Vorsprung können wir uns nicht genehmigen. Wir sind daher auch nicht immer erfolgreich und können nur hoffen, dass unsere Kollegen der IT im Nachgang noch etwas retten können.

*

Bei dem Einsatz, der heute auf dem Plan steht, handelt es sich um einen Einzeltäter. Er wohnt in einem kleinen Mehrfamilienhaus mit zwei Etagen. Eine Wohnung befindet sich unten. Die des Täters oben. Bevor wir in die Wohnung des Täters gehen, melde ich mich in der Wohnung unten. In Zivil. Um die

Nachbarn darauf vorzubereiten, dass es gleich laut wird, weil wir den Nachbarn oben festnehmen werden. Meine Ankündigung stößt weder auf Unglauben noch auf Verwunderung. Der jüngere Sohn erzählt, dass es ihm gegenüber immer wieder sexuelle Andeutungen von Seiten der Zielperson gegeben habe.

Noch etwas macht diesen Einsatz besonders. Wir haben für den Zugriff einen Schlüssel. Normalerweise gilt: Das SEK klingelt nicht. Das SEK benutzt keine Schlüssel. Heute werden wir eine Ausnahme machen. Auch, weil wir so natürlich leiser in die Wohnung kommen. Doch wir brauchen den Schlüssel gar nicht. Aus welchem Grund auch immer steht die Tür offen. Wie hatten unsere Ausbilder so treffend gesagt: »Manchmal muss man auch einfach Glück haben.«

Wir nehmen das Glück gern mit. Unser Gang in die Wohnung ist dennoch zusätzlich mit einer Ablenkung verbunden: Wir arbeiten mit einem sogenannten Fensterklatscher, der das Fenster, hinter dem auch der Rechner steht, in tausend Stücke zerlegt. Beim Fensterklatscher handelt es sich um eine kleine Sprengladung, die wir in höheren Etagen zum Beispiel mit einer Teleskopstange am Fenster anbringen und fernzünden können. Diesmal geht unser Plan perfekt auf: Wir sind blitzschnell in der Wohnung, können die Zielperson und den Rechner sofort sichern und verhindern, dass Daten verloren gehen.

Wieder fällt mir auf, dass Täter aus dem Bereich der Kinderpornografie irgendwie anders sind als andere. Sie wirken oft sehr selbstgefällig. Ihre Reaktion auf unser Auftauchen ist abgeklärt. Fast, als würden sie denken, dass sie von uns eigentlich nichts zu befürchten haben. Ihre Blicke scheinen zu sagen: »Ihr könnt mir gar nichts. Wenn ich will, mache ich sowieso weiter.«

Neben dem Rechner haben wir auch das Handy der Zielperson gesichert. Der Bildschirmhintergrund zeigt ein minderjähriges Mädchen. Ich muss an die Kollegen denken, die das von uns gesicherte Material später sichten müssen. Und die oft allein damit klarkommen müssen, wie sie das verarbeiten, was sie da zu sehen bekommen. Ich habe erlebt, wie sich Kollegen ihren Vorgesetzten offenbart und um Hilfe und psychologische Unterstützung gebeten haben. Abgelehnt. Keine Infrastruktur vorhanden. Geld ist auch nicht da. »Wenn Sie es nicht mehr schaffen, lassen Sie sich doch versetzen.« Oft gehen die Kollegen dennoch nicht. Weil sie sich fragen, wer die Arbeit macht, wenn sie sie nicht machen. Manchmal glaube ich, dass manche Vorgesetzte ein Gespür dafür haben, mit wem sie so umgehen können. Eine doppelte Schande. Generell sollte man so nicht mit seinen Leuten umgehen. Und erst recht nicht, wenn sie einen so wichtigen und fordernden Job machen. Vorgesetzte sollten sich an dieser Stelle immer fragen, wie von Seiten der Behörde Dankbarkeit gegenüber diesen Mitarbeitern wirklich gelebt werden kann.

Auch in meinem Kommando steckt das Thema Trauma-Betreuung noch immer in den Kinderschuhen. Wir haben Kontakt zu einem Geistlichen, der sich selbst der Dienststelle angeboten hat. Wann immer wir das Gefühl haben ihn zu brauchen, können wir ihn kontaktieren. Ist aber unsere Privatsache. Er hat auch ein Buch über Traumabewältigung geschrieben, das er uns gegeben hat. Ein wirklich guter Mann. Nahbar, verständnisvoll. Und beliebt in der Truppe. Auch wenn kaum jemand darüber spricht, dass er vielleicht auch schon mal zu ihm gegangen ist.

Das Problem mit psychologischen Problemen: Sie bluten nicht. Es handelt sich dabei nicht um sichtbare Verletzungen wie ein Schuss in die Schulter, eine Stichverletzung im Arm oder ein gebrochener Knöchel. Psychologische Probleme lassen sich angesichts der vermeintlichen Unversehrtheit länger ignorieren. Wer beim SEK oder der Polizei allgemein um psychologische Hilfe bittet, gilt schnell als schwach. Es passt nicht zum heldenhaft-überhöhten Bild der vermeintlich unkaputtbaren Elite-Polizisten, das gern gezeichnet wird. Als ob wir keine Menschen wären. Und auch von Freunden und Bekannten heißt es oft: »Du hast dir den Job doch ausgesucht. Du wusstest doch, worauf du dich einlässt. Das ist doch das, was du immer gewollt hast. Jetzt musst du auch damit klarkommen.«

Längst zeigen Studien, dass Berufsgruppen wie Rettungssanitäter oder Feuerwehrleute im Vergleich zu anderen bis zu 50 Prozent erhöhte Angst- und Aggressivitätswerte aufweisen. Sieht so aus, als kämen ausgerechnet die Leute, die im Job häufig mit Unglücksfällen konfrontiert sind, doch nicht so ohne Weiteres allein damit klar. Ich bin sicher, würde man diese Studien bei der Polizei wiederholen, kämen ähnliche Werte heraus. Eben weil auch hier nicht ausreichend gegengesteuert wird. Ich selbst konnte die meisten meiner Einsätze gut bis sehr gut verarbeiten. Hätte ich mir dennoch manchmal Hilfe gewünscht, von Leuten, die mir ab und an auch ein bisschen tiefer in den Kopf schauen? Unbedingt.

Kapitel 18

Beim SEK wird der Kaffee kalt – Dienst ohne Pause

Es gibt ein wunderbares Kinderbuch, das heißt: »Bei der Feuerwehr wird der Kaffee kalt.« Darin wird die Geschichte einer Gruppe Feuerwehrleuten erzählt, die es einfach nicht schaffen, zusammen einen schönen warmen Kaffee zu trinken. Weil sie von Einsatz zu Einsatz eilen müssen. Und alle Einsätze sind verschieden. Mal muss ein Brand gelöscht werden. Mal ein Kind gerettet werden, das durch die Eisdecke auf dem See eingebrochen ist. Mal muss ein Baum entfernt werden, der durch eine Sturmböe umgeknickt ist.

Wie in vielen anderen Büros wird auch beim SEK gern Kaffee getrunken. Wir haben in der Dienststelle selbstverständlich auch eine kleine Küche. Mit Kaffeekasse. Richtig schön spießig? Richtig schön spießig! Kaffee gehört auch bei uns einfach dazu. Morgens sowieso, aber gern auch später, um uns durch den Tag zu bringen. Allerdings gibt es auch bei uns ziemlich viele Tage, an denen auf der Dienststelle der Kaffee kalt wird. Wie zum Beispiel an dem, von dem ich jetzt erzählen werde.

Ich komme um 7 Uhr in der Dienststelle an. Wir haben Rufbereitschaft. Wie üblich steht eine Fortbildung an. Wer rastet, der rostet. Zumindest diese Gefahr besteht bei uns nicht. Wir beladen gerade unsere Autos, als uns eine Meldung erreicht:

Ein Jäger versucht, sich zu suizidieren. Zum Glück sind wir sofort startklar. Der Einsatzort ist nicht weit von der Dienststelle entfernt. Wir müssen nur drei oder vier Straßen weit fahren. Auf dem Weg fordern wir einen Rettungswagen (RTW) an.

Am Haus des Mannes angekommen, gehen wir rein und sichern es von oben bis unten. Schließlich finden wir den Mann im Keller. Wir sind zu spät gekommen.

Der ganze Einsatz hat vielleicht eine halbe oder dreiviertel Stunde gedauert. Es herrscht wie immer nach solchen Geschehnissen Betroffenheit in der Einsatzgruppe. Obwohl wir keinen Fehler gemacht haben, fühlt es sich an, als ob wir verloren hätten. Wir gehen raus, um Leben zu retten und zu bewahren. Das haben wir heute nicht geschafft.

Mit dem Fund des Leichnams ist unsere Arbeit vorbei. Ab jetzt übernehmen die Kollegen vom KDD, dem Kriminaldauerdienst. Sie müssen Spuren sichern und sicherstellen, dass der Suizid nicht doch etwas anderes war. Wie gesagt, Betroffenheit ist nach solchen Einsätzen immer da. Sie und das Gefühl des Scheiterns werden sogar noch größer, wenn wir eine Person noch lebend antreffen und den Suizid dennoch nicht verhindern können. Auch das passiert. Auch damit müssen wir fertig werden. Über kurz oder lang wird jeder beim SEK auch ein Spezialist im Verdrängen. Denn an eine richtige Auf- und Verarbeitung des Erlebten ist ob der hohen Einsatzdichte meist nicht zu denken. So auch heute.

Auf dem Weg zurück erreicht uns die nächste Meldung: Diesmal müssen wir in Richtung der holländischen Grenze fahren. Ein Mann hat gegenüber seinen Freunden mit dem illegalen Besitz von Schusswaffen geprahlt. Er war so unvorsichtig, Bilder per WhatsApp an seine Freunde zu schicken. Diese allerdings waren davon nicht so sehr beeindruckt. Oder sie fühlten sich dem Mann freundschaftlich dann doch nicht so stark verbunden. Als der Mann dann auch noch schreibt, dass es da einen Typen gäbe, den er nicht leiden könne und er darüber nachdenke, ihn abzuknallen, tun sie das einzig Richtige: Sie alarmieren die Polizei. Danke dafür! Selbst, wenn sich der Waffenbesitzer nur wichtigmachen wollte - vom Gedanken, zumal auch noch laut ausgesprochen, bis zur echten Tat ist es manchmal nur ein kleiner Schritt.

Die Anfahrt dauert relativ lange. Schließlich erreichen wir das Haus des Mannes. Poltern wie üblich rein. Und stellen in der oberen Etage des Mehrfamilienhauses einen unreifen, verstörten 20-Jährigen. Die Wohnung, in der wir den jungen Mann vorfinden, ist typisch für eine Familie, die ihr Leben nur so halb im Griff hat. Die soziale Vernachlässigung, die der Mann tagtäglich erfährt, ist beim Blick auf die Unordnung und die wenig heimelige Atmosphäre sofort spürbar. Der Mann hat tatsächlich eine Waffe bei sich. Wo er sie herhat? Das verrät er uns nicht. Die Kolleginnen und Kollegen werden es hoffentlich herausfinden.

Wir fahren zurück in die Dienststelle. Es ist längst später Nachmittag geworden. Endlich einen Kaffee trinken ... Denkste: Ein Mann, der zur Fahndung ausgeschrieben war, ist gefunden worden. In einer dörflichen Gegend, etwas weiter weg, wohnt er in einer Dachgeschosswohnung. Der Haftbefehl ist starker Tobak: Der Mann wird wegen Mordes gesucht. Offensichtlich ist er nicht nur extrem gewaltbereit, sondern auch noch ein erfahrener Kampfsportler. Na, das kann ja was werden.

Zuerst einmal müssen wir jedoch an das Haus ran. Mit den Fahrzeugen bis vor die Tür? Die Gefahr, dass der Mann auf uns aufmerksam wird, ist zu groß. Zu Fuß durchs Dorf? Mit dem ganzen Material? Auch nicht das Gelbe vom Ei. Wir entscheiden uns für den goldenen Mittelweg. Als Zivilisten getarnte Beamte gehen vor und kümmern sich schon mal um die untere Tür des Hauses. Bevor wir eine Tür öffnen, machen wir in der Regel immer auch einen Klinkencheck. Nicht, dass die Tür offen ist und wir sie unnötigerweise einrammen. Vor allem auf dem Dorf lohnt sich der Klinkencheck richtig oft.

Diesmal ist die Tür geschlossen, aber nicht verschlossen. Wir können sie daher leicht aufspeichen. Was zum Glück nicht sehr laut ist. Der Rest unserer Gruppe nähert sich dem Haus von einer Seite, die nicht einsehbar ist. Schnell den Innenhof überqueren und hoch zur Wohnung. In dem alten Holzhaus erwartet uns eine bei jedem Schritt knarzende Treppe. Halleluja.

Oben angekommen machen wir wieder einen Klinkencheck. Die Tür ist zu. Um sie aufzubekommen, arbeiten wir mit der Ramme. Und stellen uns auf massive Gegenwehr ein, als wir in die Wohnung reingehen.

Wir treffen unsere Zielperson im Bett an. Ein Baum von einem Mann. Gefühlt doppelt so groß wie ich und doppelt so breit. Ich denke noch: *Wenn der Typ es drauf ankommen lässt, kriegen wir gleich richtige Probleme.* Wir holen den Mann so schnell wie möglich aus dem Bett. Unter der Decke oder unter dem Kissen kann schließlich immer eine Waffe versteckt sein.

Doch von Sekunde 1 an ist der Mann nicht nur kooperativ, sondern regelrecht freundlich zu uns. So freundlich, dass es sich für uns falsch anfühlt und wir erst einmal sicherstellen, dass wir den Richtigen haben. Nach dem Check der Personalien steht fest: Bei dem freundlichen Riesen handelt es sich tatsächlich um den gesuchten Mörder.

Auf dem Weg zurück in die Dienststelle komme ich ins Grübeln. Komisch - wäre ich dem Mann, den wir gerade verhaftet haben, auf der Straße begegnet, und wäre er dort genauso zugewandt gewesen wie bei unserem Einsatz, hätte ich nie für möglich gehalten, dass er in der Lage ist, anderen wehzutun. Man sieht einem Menschen eben nicht an, dass er ein Killer ist.

Längst ist die Nacht hereingebrochen. Wir sind gerade erst auf der Dienststelle angekommen, als schon wieder das Einsatztelefon klingelt. Ein Streit zwischen zwei Freunden ist blutig geendet. Dabei haben die beiden erst noch gemeinsam getrunken. Und zwar Mengen, die einen normalen Menschen ins Delirium befördern würden. Bei den beiden stieg mit dem Alkoholpegel jedoch vor allem die Aggression. Irgendwann kriegten sie sich so sehr in die Wolle, dass sie aufeinander einstachen. Einer der beiden landet mit einer Stichverletzung am Hals im Krankenhaus. Um den anderen volltrunkenen Messerstecher sollen wir SEKies uns kümmern.

Keine Ahnung, warum, aber manchmal kommt es mir so vor, dass die bösen Buben immer oben im Haus wohnen. Wir müssen jedenfalls wieder ein paar Etagen hoch rödeln. Mit allem Zipp und Zapp und natürlich auch mit dem Einsatzschild, der allein rund 10 Kilogramm wiegt.

Wir machen die Wohnung auf. Sie ist komplett vermüllt. Erstaunlich, von außen machte das Haus einen eher hochwertigen Eindruck. Aber wie gesagt, nach ein paar Jahren bei der Polizei lernt man, dass man auf Eindrücke von außen wenig geben sollte. Mit Gegenwehr müssen wir in diesem Fall wirklich nicht rechnen: Der Mann liegt halb benommen auf seinem Sofa. Der Tisch davor ist vollgestellt mit Verpackungen, leeren Flaschen und Essensresten in verschiedenen Verfallsstadien.

Das Bild eines Tellers Kohlrouladen mit Rotkohl und Soße hat sich mir eingebrannt. Als ein Kollege den Tisch wegzieht, damit der Zugriff auf die Zielperson leichter wird, landet die Hälfte des Rotkohls auf meinen Stiefeln. Die waren neu.

Als wir endlich wieder in der Dienststelle zurück sind, ist es mitten in der Nacht. Lust auf einen Kaffee? Hat keiner mehr. Wir wollen nur noch schlafen.

Kapitel 19

Razzia im Clan-Milieu – Das Gefühl von Sicherheit

Während bei Bekanntgabe einer Terror- oder Amok-Lage die Öffentlichkeit eher schockiert reagiert, löst die Meldung einer Razzia oft ganz andere Gefühle aus: Die Menschen fühlen sich erleichtert und beruhigt. Weil sie sehen, dass wir als Vertreter des Staates handeln. Und zwar nicht erst dann, wenn es bereits zu spät ist. Sie sehen, dass wir immer wieder auch gegen die organisierte Kriminalität vorgehen. Dass wir wachsam sind. Das Problem: Politiker wissen das genau. Sie wissen, dass sie mit Razzien bei der Bevölkerung ein Sicherheitsgefühl hervorrufen und verstärken können. Und machen sie sich entsprechend zunutze. So zeigen sie, dass der Staat, dessen Führung sie ja mitverantworten, handlungsfähig ist.

Aktuell steht zum Beispiel das Thema »Clan-Kriminalität« hoch im politischen Kurs. Davor waren es eher Rockerbanden. Oder Gruppen mit Mafia-Strukturen, die ja im Grunde auch nichts anderes sind als Clans. Clans sind schließlich kriminelle Vereinigungen mit familiären Strukturen. Da der Begriff »Mafia« aber vor allem mit Italien und vielleicht noch Russland und einigen osteuropäischen Ländern assoziiert wird, wird nun lieber mit dem Wort »Clan« gearbeitet. Damit werden eher orientalische und muslimische Kulturen assoziiert. Inhaltlich sind »Mafia« und »Clans« tatsächlich dasselbe.

Und auch »Reichsbürger« sind schon sehr viel länger ein Thema, als es die Öffentlichkeit wahrnimmt. Eins, dass wirklich nicht unterschätzt werden sollte. Bei diversen Einsätzen mussten wir die Erfahrung machen, dass die Gewaltbereitschaft von Menschen, die so ticken, durch den Realitätsverlust sehr hoch ist. Solche Reichsbürger glauben wirklich, dass ihr Grundstück nicht Teil der Bundesrepublik Deutschland ist. Sie leben ihrer Meinung nach im Großdeutschen Reich. Das ist dann zwar nur 300 oder 400 Quadratmeter »groß«. Aber daran gibt es nichts zu rütteln. Diesen Menschen fehlt auch komplett jeder Respekt vor uns als Behörde. Denn, ganz klar: Die Bundesrepublik Deutschland existiert in ihren Augen nicht. Also haben wir als Polizeibeamte auch keine Befugnisse ihnen gegenüber. Sie empfinden ein Eindringen auf ihren Grund und Boden als Kriegserklärung. Und wenn bei ihnen Waffen im Spiel sind, zögern sie nicht, diese auch zu benutzen.

Ganz anders verhält es sich bei Razzien im Clan-Milieu. Die Einsätze dort verlaufen meist ziemlich unspektakulär. Wenn wir in ein Gebäude reingehen, wissen die meisten der Leute darin ganz genau, was los ist. Sie sind weder überrascht noch erschrocken und leisten auch keine Gegenwehr. Stattdessen legen sie sich sofort auf den Boden und kooperieren. Sie sind tiefenentspannt und lassen sich problemlos fesseln. Auch, weil sie wissen, dass wir bei ihnen nichts finden werden. Organisierte Kriminelle sind meist nicht dumm. Sie sind in ihrem Geschäft auch deshalb so erfolgreich, weil sie gelernt haben, ihre Spuren zu verwischen.

Ganz anders verhält es sich bei Terroristen oder Fanatikern. Bei den Razzien in einem solchen Umfeld sind unsere Erfolgschancen meist wesentlich höher. Fanatismus verleitet immer zu Fehlern, von denen wir als Ermittlungsbehörde profitieren. Die Clans machen leider deutlich weniger Fehler. Und auch die Rocker sind nicht so dumm, wie man ihnen gern unterstellt. Wir reden hier von Profis. Von Geschäften, bei denen Millionen gemacht werden. Diese Menschen hüten sich natürlich, uns Beweise in ihrem Zuhause auf dem Silbertablett zu servieren.

Zum Beispiel Frank Hanebuth, eine der prägendsten Figuren der *Hells Angels*. Und einer, der mit seinen Aktivitäten in Hannover auch die Polizei immer wieder auf Trab hielt. Hanebuth saß in Deutschland bisher lediglich ganz zu Beginn seiner Laufbahn ein. Wegen schwerer Körperverletzung. Später versuchte man immer wieder erfolglos, ihm Straftaten nachzuweisen. 2012 gab es einen gemeinsamen Einsatz von GSG 9 und SEK, bei dem das Anwesen von Hanebuth durchsucht wurde. Die GSG-9-Kollegen seilten sich damals sogar vom Hubschrauber ab. Der ganz große Zauber. Das Ergebnis? Die Kollegen fanden absolut nichts. Ein Jahr später wurde das Verfahren gegen Hanebuth aus Mangel an Beweisen eingestellt. Ein weiteres Jahr später stellte ein Gericht sogar fest, dass Hanebuth eine Entschädigung zustand für die Zerstörungen, die der Polizeieinsatz auf seinem Grundstück verursacht hatte. Auch die spanische Justiz, die Hanebuth Jahre später in Gewahrsam nahm, konnte ihm nichts nachweisen. Ende 2023 wurden Hanebuth und seine sämtlichen Mitangeklagten in allen Punkten freigesprochen.

So sehr ich verstehen kann, dass Razzien auf die Bevölkerung beruhigend wirken, muss ich an dieser Stelle eben auch ein Stück Realität und damit eine kleine Enttäuschung hinterher schieben: Die Wirkung der meisten Razzien ist leider begrenzt. Dennoch erfüllen sie einen wichtigen gesellschaftlichen Zweck.

Um den verständlich zu machen, muss ich ein wenig ausholen. Nur, weil es aktuell zum Beispiel mehr Razzien im Clan-Milieu gibt, ist ja die Rocker-Kriminalität nicht weniger geworden. Heute ist es jedoch für die politische Publicity eben wichtiger, fünf Clans hochzunehmen, als fünf Rockerbanden. Der Sinn dahinter ist klar: Die Menschen in unserem Land sollen sich sicher fühlen. Es gehört zu unseren Aufgaben als Polizeibehörde, ein Sicherheitsgefühl in unserer Gesellschaft zu etablieren. Denn ohne dieses Gefühl wäre eine Gesellschaft nicht lebensfähig. Stell dir vor, du würdest jeden Tag in Angst leben. Angst davor, Opfer eines Terroranschlags zu werden. Oder in eine Schießerei zwischen Rockerbanden zu geraten. Oder von deinem Partner getötet zu werden. Diese Formen der Kriminalität erleben wir SEK-Beamte jeden Tag. Und jeden Tag arbeiten wir dafür, dass die Bevölkerung sich dennoch sicher fühlt. Dazu gehört auch, dass bei Weitem nicht alle unsere Einsätze an die Öffentlichkeit dringen. Nicht jede erfolgreich ausgehobene Terrorzelle landet in der Zeitung. Ebenso wenig wie jede erfolgreich beendete Geiselnahme. Und manchmal landen sogar auch die nicht erfolgreich beendeten Geiselnahmen *nicht* in die Nachrichten. Unter anderem ebenfalls, damit das Sicherheitsgefühl der Menschen in unserem Land nicht ins Wanken gerät.

Es mag sein, dass die Rocker-Banden aktuell gelernt haben, sich ein wenig aus der Öffentlichkeit zurückzuziehen. Beziehungsweise bespielen sie die Öffentlichkeit mit Büchern und Fernsehdokumentationen sehr geschickt und nutzen das Schauern des Publikums ob ihrer Geschichte aus, um sich als starke Männer zu inszenieren, die sich einfach nichts gefallen lassen. Die halt ihr Ding und ihre Geschäfte machen und deren Regeln, Hierarchie und Methoden der Konfliktlösungen einfach nicht so ganz in unsere Gesellschaft passen. Ich halte das für eine gefährliche Entwicklung, denn es bleiben Kriminelle, die klug und eiskalt ihre Interessen verfolgen. Nur weil sich in Hannover 2012 beispielsweise das Chapter der *Hells Angels* offiziell auflöste, heißt das nicht, dass die Rocker gleichzeitig auch ihre Klubs und ihre Geschäfte aufgaben. Sie trugen in der Öffentlichkeit vielleicht keine Kutten mehr. Aber sie waren immer noch da. Nur eben nicht mehr offiziell und in der Öffentlichkeit organisiert, sondern abgetaucht im Untergrund tätig.

Über den Erfolg einer Razzia entscheidet unter anderem die Geheimhaltung. Vor allem bei großen Razzien kann das zum Problem werden, zumal wir hier mitunter auch mit anderen Dienststellen wie der Bereitschaftspolizei zusammenarbeiten. Die Beamten stellen bei unseren Razzien oft den äußeren Ring. Das heißt, dass sie die Straßen und Fluchtwege absperren, damit niemand stiften geht oder Familienmitglieder zu Hilfe ruft, die uns in den Rücken fallen. Je mehr Leute im Vorfeld einer Razzia in die Planung involviert sind, desto höher ist das Risiko eines Geheimhaltungslecks.

Sogar intern wurde im SEK auf die Geheimhaltung bei Razzien großen Wert gelegt. Sprich, auch wir wussten vorher von nicht viel. Bei den wirklich wichtigen Razzien wurden wir nur über einen ungewöhnlich frühen Dienstbeginn in der nächsten Woche informiert. So gegen 3 oder 4 Uhr. Bei einem solchen Dienstplan war dann klar, was uns bevorstand. Wo und wie wir eingesetzt werden würden, erfuhren wir jedoch wirklich erst im letzten Moment. Bei anderen Einsätzen war das jedoch nicht der Fall. Und in einigen Behörden scheint es tatsächlich so zu sein, dass es Verbindungen zwischen Beamten und kriminellen Vereinigungen gibt und Informationen durchgestochen werden.

Auch die Ermittlungsbehörden müssen zusehen, dass sie eine Razzia nicht bereits im Vorfeld zum Scheitern verurteilen. Etwa, wenn sie Grundrisse von Wohnungen oder Gebäuden beim Vermessungs- oder Katasteramt anfordern und die Betroffenen womöglich davon erfahren. Es ist ein ständiges Abwägen. Aber große Razzien bedürfen einfach auch einer gewissen Planung im Vorfeld. Auch, weil ein Kommando sie oft nicht allein stemmen kann. Stell dir vor, das SEK-Kommando in Niedersachsen plant alle seine Beamten für die Durchsuchung von Wohnungen an verschiedenen Standorten ein. Und an genau diesem Tag läuft jemand Amok. In dem Moment würden wir mit heruntergelassenen Hosen dastehen. Bei großangelegten Einsätzen beziehen wir daher in der Regel auch Kollegen aus anderen Bundesländern mit ein. Oder wir setzen uns ins Auto und fahren nach Hamburg oder Bremen und helfen den Kollegen dort.

Die meisten Razzien finden aus bekannten Gründen in den frühen Morgenstunden statt. Aber nicht alle. Wenn ein Café oder ein Club als Ort für Geldwäsche, illegales Glückspiel oder Menschenhandel ausgemacht wurde, kommen wir auch mal abends vorbei. Frühmorgens würden wir dort wohl eher niemanden antreffen.

Auch, wenn unsere Razzien manchmal keinen unmittelbaren Erfolg verzeichnen, wirken sie auf längere Sicht doch positiv. Wir finden vielleicht heute keine Beweise. Aber wir zwingen Kriminelle mit unseren Razzien dazu, vorsichtiger zu agieren und sich mehr zurückzuhalten. Würde es keine Razzien mehr geben, würden Kriminelle sofort anfangen, höhere Risiken einzugehen. Sie würden unvorsichtiger werden. Womit sich das Gefahrenpotenzial dramatisch erhöhen würde. Zumindest das können wir mit unseren Razzien verhindern.

Kapitel 20

Nageralarm – oder: Sparen an der falschen Stelle

»Das SEK hat ein Ratten-Problem. Nager beschädigen Ausrüstung und verdrecken Räume.« Ich weiß, dass die Schlagzeilen der BILD-Zeitung gern mal polemisch sind und über das Ziel hinausschießen. Aber in diesem Fall stimmte leider jedes einzelne Wort.

Im Zuge der Sanierung unserer Sanitärbereiche muss es für die Nager wohl für kurze Zeit einen Zugang zu unserer Dienststelle gegeben haben. Und die schien ihnen zu gefallen. Sie fühlten sich schnell heimisch, hinterließen Kot auf unserer Ausrüstung und knabberten sie an. Einige Teile waren so stark verschmutzt oder beschädigt, dass sie ausgemustert und ersetzt werden mussten. Doch das dauert.

Die Situation spitzte sich so zu, dass wir in Teilen nicht mehr einsatzfähig waren. Wegen der noch nicht ersetzten Ausrüstung fehlten uns einsatzfähige Kollegen. Eigentlich hätten wir in diesem Moment das Kommando abmelden müssen. Natürlich passierte das nicht. Stattdessen wurde der Betrieb mit den verbliebenen Leuten aufrechterhalten. Für uns bedeutete das Überstunden, Überstunden und nochmal Überstunden. Oder wie es im Amtsdeutsch gegenüber der Presse formuliert wurde: »Wir konnten es durch eigene Kräfte kompensieren.«

Wir?

Zum ersten Mal hatte ich ernsthafte Zweifel an diesem »Wir«. Es hatte kein Gespräch, keine gemeinsame Entscheidung gegeben, sondern lediglich eine Dienstanweisung. Da war kein Nachfragen, ob wir das Ganze schaffen würden. Keine Perspektive, wann das Problem gelöst und vorbei sein würde. Keine in Aussicht gestellte Belohnung. Kein Goodie, für das sich der Mehreinsatz gelohnt hätte. Der ohnehin schon harte Dienst wurde für diejenigen, die noch einsatzfähig waren, einfach noch einmal ein bisschen anstrengender. Belastungsgrenzen? Egal.

Irgendwie fühlte es sich komisch an: Wir SEKies werden jeden Tag geschult, mit extremen Situationen umzugehen. Im Einsatz müssen wir jeden Tag beweisen, dass wir in der Lage sind, in Ausnahmesituationen die Ruhe zu bewahren und die richtigen Entscheidungen zu treffen. Kein Thema. Gerade wegen dieses hohen Anspruchs bin ich zum SEK gegangen. Aber wo war der Anspruch meiner Vorgesetzten? Oder der Behörde uns gegenüber? Hatte ich davon im Umgang mit der Rattenproblematik bei den Verantwortlichen irgendetwas gesehen? Nein. Stattdessen war deren Lösung, das Problem einfach auf unserem Rücken auszutragen. Meine Kollegen und ich kamen uns ziemlich verarscht vor. Zumal wir in Gesprächen mit den Kollegen vom Streifen- oder Ermittlungsdienst merkten, dass es dort nicht viel anders aussah. Immer wieder gab es Zeiten, in denen der Apparat nur dank der Gutmütigkeit und Leidensfähigkeit der Beamten aufrechterhalten wurde. Dass durch die höhere Belastung auch die Wahrscheinlichkeit von Fehlern steigt, war offensichtlich eingepreist. Oder wurde billigend in Kauf genommen.

Und es ist ja nicht nur bei uns so. Auch in anderen sicherheitsrelevanten Bereichen arbeiten wir längst am Anschlag. Beim SEK, bei der Polizei, bei der Feuerwehr, bei den Rettungskräften. Der Regelbetrieb läuft noch immer einigermaßen. Problematisch würde es allerdings, wenn sich die Einsatzlagen plötzlich häufen würden. Würde es beispielsweise gleichzeitig in München, Berlin und Köln einen Terroranschlag wie 2015 im *Bataclan* in Paris geben, wären wir höchstwahrscheinlich vollkommen überfordert. Vor allem, weil die Sicherheits- und Rettungsstrukturen immer knapper auf Kante genäht werden. Es wird immer mehr eingespart. Am Personal. An der Ausrüstung. So wie es fast überall auch in der freien Wirtschaft passiert. Es gibt keinen Puffer mehr, der eingeplant wird. Stattdessen bestimmt die Statistik die Ressourcenplanung. Da heißt es dann eben: »Am Freitag brauchen wir nur noch drei statt vier Streifenwagen. Weil die Statistik es hergibt.« Das Problem ist, dass Statistiken immer nur in die Vergangenheit und selten in die Zukunft schauen. In acht von zehn Fällen stimmt sie. Aber in zwei Fällen eben nicht. Und hinterher kriegen dann die Kollegen, die unterbesetzt die Einsätze nicht vernünftig fahren können, dermaßen einen auf den Deckel … das ist nicht fair. Und frustriert uns Polizisten.

Nehmen wir einen Vorfall wie den bereits angesprochenen im *Bataclan*. Die Pariser Konzerthalle war damals ja nur ein Schauplatz von insgesamt fünf in der Stadt, an denen es an diesem Tag zu koordinierten Anschlägen kam. Ich glaube, nur ganz wenige Politiker und Menschen aus der Bevölkerung haben eine Vorstellung davon, wie viele Einsatzkräfte nötig sind, um eine Großstadt nach Tätern zu durchsuchen und diese zu stellen. Da müssten bei uns nicht nur die eigenen Kräfte im

Bundesland nachalarmiert werden, sondern auch die Kräfte aus allen anderen Ländern zusammengezogen werden. Denn auch beim SEK muss ja der Regelbetrieb irgendwie aufrechterhalten werden. Und der ist, wie ich bereits erwähnt hatte, angesichts der Einsatzzahlen ziemlich intensiv.

Bei uns in Deutschland kommt zudem die Tatsache hinzu, dass die Bundewehr nicht im Inland agieren darf. Die Kollegen der KSK fallen damit als Unterstützer aus. Wenigstens kann die GSG 9 den Spezialeinsatzkräften in Ausnahmesituationen helfen. Und tut es auch. Zumindest hin und wieder. Nach eigenen Angaben fährt die GSG 9 50 bis 60 Einsätze im Jahr. Rund einen pro Woche. Theoretisch wäre da noch Luft nach oben. Doch eine Intensivierung der Unterstützung ist eben aktuell politisch nicht gewollt. Ich finde es schade, dass derlei brachliegende Potenziale nicht genutzt werden, während anderswo die Belastung immer weiter steigt.

Als jemand, der im Bereich Sicherheit gearbeitet hat, ärgert mich der achtlose und vor allem inhaltlich oberflächliche Umgang mit dem Thema in unserer Gesellschaft immer wieder. Das zeigt sich zum Beispiel auch an der Diskussion um einen möglichen Kriegsfall mit Russland. Ich will niemandem zu nahetreten, aber zu keinem Zeitpunkt wäre die Bundeswehr aktuell in der Lage, im Falle eines Angriffs auf Deutschland wirksamen Widerstand zu leisten. Im Zuge des Krieges von Russland gegen die Ukraine machte ein interessanter Fakt die Runde, dessen Bedeutung von Politik und Öffentlichkeit gar nicht richtig verarbeitet worden ist: Aktuell verfügt die Bundeswehr über ein Munitionsarsenal für ihre Artillerie, das für nur etwas mehr als zwei Tage Krieg reichen würde.

Zwei Tage.

Mehr Zeit haben wir nicht, bis jemand anderes uns zur Hilfe kommen muss. Ob unsere Nato-Partner in der Lage sind, binnen zwei Tagen die nötigen Kräfte zu mobilisieren?

Damit das niemand in den falschen Hals bekommt: Ich will keinen Krieg. Ich bin kein Militarist. Alles, was ich möchte, ist eine ehrliche gesellschaftliche Diskussion zum Thema Sicherheit. Ich meine, warum unterhalten wir überhaupt eine Armee, wenn diese nur zwei Tage lang kämpfen kann? In Bezug auf unsere Polizei und das SEK stellt sich die Frage, ob wir Menschen, die dort tätig sind, mit den Mitteln und Strukturen, die wir ihnen zur Verfügung stellen, überhaupt in die Lage versetzen, ihre Arbeit ordentlich zu erledigen.

*

Am traurig-lustigsten fand ich bei unserem »Ratten-Gate«, dass gegenüber der Öffentlichkeit die Rede von einem baldigen Umzug in eine neue, modernere Dienststelle war. Dieser Umzug stand schon eine ganze Weile im Raum. Als ich beim SEK anfing, war von »in einem halben Jahr« die Rede. Doch richtig voran ging irgendwie wenig. Jeder wusste das. Aber gegenüber der Presse konnte man ja so tun, als ob.

Irgendwann wurde der angebliche Umzug bei uns zu einem *Running Gag*. »Na, schon gepackt, Kuni?« – »Klar, die Hälfte meiner Kisten habe ich schon drüben.« Ich selbst sollte diesen Umzug nicht mehr erleben. Und meinen Kollegen, die immer noch beim SEK sind, ebenfalls nicht. Bis heute, im Frühjahr 2024, ist er nämlich noch immer nicht passiert.

Ich glaube, dass ich spätestens ab diesem Moment das SEK anders wahrgenommen habe als zuvor. Neben dem warmen

Lagerfeuer, das ich gesucht und auch gefunden hatte, gab es auch noch eine kalte, dysfunktionale Behördenseite, die mich zunehmend irritierte. In dieser Zeit wurde der Grundstein für meinen Abschied vom SEK mitgelegt. Trotz all der Dinge, die ich dort gelernt hatte und erleben durfte. Und die mich für immer verändert haben.

Kapitel 21

Fünf Dinge, die ich beim SEK fürs Leben gelernt habe

Es gibt Dinge, die ich beim SEK gelernt habe, für die ich heute noch zutiefst dankbar bin.

Der erste Punkt ist das Thema Impulskontrolle. Ich bin ein sehr impulsiver Mensch. Geradeheraus. Direkt. Mit meiner Meinung halte ich nicht hinter dem Berg. Ich kann mich noch sehr gut an einige Feedbackgespräche aus meiner Anfangszeit beim SEK erinnern, in denen mir meine Ausbilder gesagt haben, dass sie anfangs nicht sicher waren, ob ich mit meiner offenen, lauten, manchmal auch herausfordernden Art wirklich ins Kommando passe.

Interessanterweise haben meine Ausbilder (und ich selbst) aber bald gemerkt, dass ich in bestimmten Situationen auch ganz anders sein kann. Vor allem im Einsatz. Dann kickt der Nagel in meinem Kopf. Ich bin absolut ruhig, fokussiert und ganz präsent im Augenblick. Ich schaue nur auf die Situation und überlege rational, was jetzt das Beste ist. Unabhängig von meinen Gefühlen. Die sind nämlich gerade nicht interessant. Beziehungsweise gibt es gerade Dinge, die wichtiger sind als ich: mein Team. Hätte ich im Einsatz meine Impulse nicht unter Kontrolle, würde unweigerlich das ganze Team darunter leiden.

Ich glaube, jeder weiß aus seinem Arbeits- oder Familienalltag, was fehlende Impulskontrolle bewirken kann. Da reicht es, dass nur eine Person Stress macht und ihre Interessen über die der Gruppe stellt. Passiert das, geht es allen automatisch schlechter.

Ich bin auch heute noch gern laut und direkt. Aber ich habe gelernt, mich auch im Alltag zurückzunehmen, wenn es notwendig ist. Ich kann diesen Schalter mittlerweile jederzeit umlegen.

Der zweite Punkt, den ich noch immer sehr zu schätzen weiß, ist die Feedbackkultur. Vor allem unsere Ausbilder waren von Anfang an schonungslos ehrlich mit uns. Wenn jemand Mist gebaut hatte, wurde ihm gesagt: »Du hast Mist gebaut.« Da wurde nicht drumherumgetanzt. Mist war Mist. Und wurde genauso auch benannt.

Anfangs tat das manchmal weh. Es dauerte ein wenig, bis wir begriffen hatten: Nur durch dieses ehrliche Feedback können wir uns verbessern. Schließlich wurden wir ja nicht einfach nur heruntergemacht. Es gab immer eine Erklärung: »Das war Mist, weil …« Außerdem wurden uns dann auch alternative Handlungsmöglichkeiten und andere Lösungsansätze aufgezeigt, die wir ausprobieren konnten. Zu verstehen, dass nicht wir als Menschen falsch waren, sondern dass die Vorgehensweise, für die wir uns entschieden hatten, falsch oder nicht gut genug war, war eine Befreiung. Daraus habe ich gelernt, dass konstruktives, inhaltlich begründetes Feedback nicht mich als Menschen angreift. Es stellt mich, meine Fähigkeiten und meine Stärken nicht grundsätzlich infrage. Im Gegenteil: Es zeigt mir, wo und wie ich noch lernen und wachsen kann.

Unsere Ausbilder ermunterten uns daher auch, untereinander eine ehrliche Feedbackkultur zu leben, um als Team noch stärker zusammenzuwachsen. »Wenn ihr ein vorhandenes Problem nicht benennt, könnt ihr nicht daran arbeiten.« Umso enttäuschter war ich, als ich später erleben musste, dass diese konstruktive Feedbackkultur eben nicht ganzheitlich und nicht überall praktiziert wurde, sondern dass bestimmte Probleme im SEK schöngeredet oder totgeschwiegen wurden. Die Folge dieser Taktik ist immer Stillstand.

Auch außerhalb des SEK erlebe ich oft, wie Menschen ehrliches Feedback vermeiden. Um die Gefühle ihres Gegenübers nicht zu verletzen, setzen sie auf Samthandschuhe statt Klartext. Und tanzen lieber um ein Problem herum, als es anzusprechen. Bitte nicht falsch verstehen - Klartext und ein sensibler, empathischer Umgang mit anderen Menschen schließen einander nicht aus. Klartext heißt nicht, sein Gegenüber in den Senkel zu stellen. Ich bin dankbar, dass ich durch meine Ausbilder den hohen Wert einer positiven Feedbackkultur schätzen gelernt habe. Ich kann seitdem mit Kritik viel besser umgehen.

Das dritte wichtige Learning aus meiner SEK-Zeit ist das Thema Pulskontrolle. Moment, hatten wir das nicht eben schon? Nein, nicht ganz. Während es bei der *Impuls*kontrolle um das Beherrschen meiner Gefühle und meines Egos geht, wirkt sich die *Puls*kontrolle unmittelbar auf meine körperliche Leistungsfähigkeit aus. Von Anfang an - sei es beim Schwimmen, beim Laufen oder beim Klettern -, haben uns unsere Ausbilder zwischendurch immer wieder daran erinnert, unseren Puls unter Kontrolle zu bekommen. Sie haben uns eingeschärft, dass es nicht unsere Aufgabe sei, die 100 Meter in 10 Sekunden zu sprinten. Unsere Aufgabe sei es, die 100 Meter zu sprinten und danach noch handlungsfähig zu sein. Wir sollten nach einem Sprint noch ohne Probleme sinnvolle, durchdachte Entscheidungen treffen können. Je weniger Sauerstoff jedoch in deinem Hirn ist, desto schwieriger wird das. Außerdem sollten wir unsere Waffe noch gerade halten können und einen möglichen Schuss nicht verzittern.

Das wichtigste Tool für die Pulskontrolle ist die Atmung. Wir streben an, den Puls immer in einem 150er- oder 160er-Bereich zu halten, statt mit 200 oder mehr Herzschlägen pro Minute am Anschlag und innerhalb kurzer Zeit körperlich am Ende zu sein. Das Faszinierende an der Pulskontrolle ist, dass sie dich, obwohl sie dich erst einmal zwingt, langsamer zu sein, am Ende schneller macht.

Ein Beispiel: Beim Schwimmen mussten wir erst eine bestimmte Strecke schwimmen und anschließend tauchen und unter Wasser etwas zusammenbauen. Ohne Pulskontrolle kam man zwar schneller an der Stelle an, ab der man tauchen musste. Allerdings konnte man dann nicht sofort runter oder musste viel häufiger auftauchen. Mit Pulskontrolle war man zwar später am Tauchspot, konnte dafür aber schneller runtergehen und länger unten bleiben. Und war mit der Übung zwei bis drei Minuten früher fertig. Weniger ist eben manchmal tatsächlich mehr.

Durch die bewusste Pulskontrolle habe ich meinen Körper mit der Zeit immer besser kennengelernt und sogar Seiten an ihm entdeckt, die ich vorher so nicht kannte. Noch heute hilft mir die Pulskontrolle, sei es beim Sport, aber auch, wenn ich meditiere.

Ein vierter Punkt, der mir beim SEK in Fleisch und Blut übergegangen ist, ist das Thema Visualisierung, beziehungsweise

Lernen durch Visualisierung. Du lernst und verbesserst dich tatsächlich deutlich, wenn du bestimmte Situationen im Kopf immer wieder durchgehst. Wenn du dir Taktiken und Handlungsabläufe bildlich vorstellst. Die Wirkung der Visualisierung wird umso stärker, je mehr du dich körperlich darauf einlässt und tatsächlich in die Situation hineinfühlst.

Ganz wichtig: Visualisierung ist mehr als einfach nur »zusehen«. Klar lernst du auch, wenn du Kameraden dabei beobachtest, wie sie eine Einsatzlage taktisch abarbeiten. Fühlst du dich in diesem Moment jedoch wirklich in sie hinein und visualisierst die Situation, merkst du vielleicht sogar, wo sie einen Fehler gemacht oder sich unwohl gefühlt haben. Das mag, wenn man diese Erfahrung noch nicht selbst gemacht hat, ein bisschen esoterisch klingen. Aber es funktioniert wirklich. Bei mir zumindest. Ich weiß, dass nicht jeder meiner Kollegen im Kommando mit der Visualisierung etwas anfangen konnte. Mir hat es sehr geholfen, mich vor dem Schlafengehen oder sogar vor den Einsätzen selbst nochmal in ebendiese hineinzudenken.

Auch heute arbeite ich noch immer mit dieser Technik. Bevor ich zum Beispiel ein Training absolviere, gehe ich es im Kopf einmal durch, mit einem ganz besonderen Fokus auf dem perfekten Bewegungsablauf und auf meiner Atmung. Mittlerweile bin ich sogar an einem Punkt in meinem Leben, wo ich alles visualisiere, was ich erreichen will oder was mir wichtig ist. Weil ich spüre, wie es mir dabei hilft, diese Dinge dann auch wirklich in die Tat umzusetzen.

Der nächste Punkt ist der vielleicht wichtigste für mich: meine Komfortzone. Beim SEK habe ich gelernt, meine Komfortzone jeden Tag zu verlassen. Sei es durch mentale Aufgaben, die uns gestellt wurden, oder durch körperliche Grenzerfahrungen. Was passiert, wenn du deine Komfortzone immer wieder verlässt und erweiterst? Erstens: Du verlierst deine Ängste und deine Bequemlichkeit. Diese beiden bösen Brüder halten dich nämlich sonst da gefangen, wo es angenehm ist. Zweitens: Du merkst, dass es dir guttut, dich aus deiner Komfortzone zu bewegen. Weil du nur außerhalb von ihr etwas tatsächlich Neues entdecken und im wahrsten Sinne des Wortes *er-leben* kannst.

Es gibt diesen schönen Spruch: »Leben ist überall dort, wo du noch nicht warst. Alles andere ist Wiederholung.« Ich finde, da ist etwas dran. Wenn sich die Dinge in deinem Leben immer nur wiederholen, lebst du nicht, sondern befindest dich in der Monotonie. Sich permanent über die eigenen Grenzen hinauszubewegen, heißt nicht, Tag für Tag am Anschlag und immer nur superdiszipliniert zu sein. Jeder von uns braucht Pausen und Auszeiten. Wie auch immer diese ausgestaltet werden. Aber wenn du merkst, dass du dich nicht mehr veränderst, dass du nichts Neues dazulernst oder erfährst, dann sollte bei dir der »Komfortzonenalarm« schrillen. Und du solltest dich mal wieder in Bewegung setzen und herausfordern.

Interessanterweise hat genau dieses Learning, dass es mir guttut, mich immer wieder aus meiner Komfortzone zu bewegen, mich letztlich in meiner Entscheidung bestärkt, das SEK zu verlassen. Dieses Spiel war für mich durchgespielt. Ich hatte nicht mehr das Gefühl, in meinem Kommando noch etwas Neues lernen oder bewirken zu können.

Etwas bewirken zu können ... ein schönes Gefühl, oder? Womit wir beim nächsten Punkt auf meiner Liste wären: der Selbstwirksamkeit. Was ist das eigentlich? Selbstwirksamkeit ist das Vertrauen auf die eigene Handlungsfähigkeit. Du entscheidest. Niemand sonst. Es gibt sehr viele Menschen, die sich als Opfer sehen. Der Chef ist schuld, dass die Arbeit keinen Spaß macht. Der Partner ist schuld, dass es in der Beziehung nicht so richtig läuft. Diese Menschen fühlen sich vom Schicksal gebeutelt und alles, nur nicht selbstwirksam. Man erkennt sie daran, dass sie ständig jammern und immer anderen die Schuld dafür geben, dass ihr Leben nicht so ist, wie sie es gern hätten.

Selbstwirksamkeit hat sehr viel damit zu tun, dass du Verantwortung übernimmst. Und zwar für dich selbst. Du kannst immer handeln und du hast immer die Möglichkeit, für dich zu entscheiden. Egal, was passiert. Du bestimmst immer, wie du in einer Situation reagierst.

Als ich meinen Abschied beim SEK verkündet hatte, schlug das Wellen. Es gab einige Kollegen, die zu mir kamen und meinten, sie würden eigentlich auch gern gehen. Aber da sei der Kredit für das Haus, der noch abbezahlt werden müsse. Oder sie hätten keinen Bock, zurück in eine normale Polizeieinheit zu gehen. Die Polizei ganz verlassen? Was sollten sie denn da draußen machen? Sie hätten doch nichts anderes gelernt.

Ich finde diese Einstellung schwierig. Es ist schade, dass wir in einer Zeit leben, in der viele Menschen keine Verantwortung mehr übernehmen. Statt sich zu fragen, wo und wie sie aktiv werden können, um die Dinge oder ihr Leben zu verbessern, schreien sie immer nur danach, dass die anderen irgendwas verändern müssen. Aber wer glaubt, dass sein Glück von anderen Menschen abhängt, wird niemals glücklich werden. Für dein Glück bist du in erster Linie selbst verantwortlich. Andere Menschen dürfen dazu beitragen oder daran teilhaben. Aber es ist nicht ihre Aufgabe, dich glücklich zu machen. So funktioniert die Sache nicht.

Für den Erfolg oder Misserfolg einer Mission – das habe ich bei meinen Einsätzen beim SEK gelernt – waren wir als Team allein verantwortlich. Es regnet? Es ist kalt? Es ist dunkel? Dienstschluss war vor drei Stunden und wir hocken immer noch im Dreck, weil der Befehl für den Zugriff noch nicht erfolgt ist? Komm damit klar! Oder entscheide dich eben zu jammern.

Wenn man erstmal begriffen hat, dass man im Grunde immer selbst entscheidet, ändert sich der Blick auf das Leben, den Job, die Beziehung, auf alles.

Eine weitere wichtige Sache, die ich vom SEK mitgenommen habe, würde ich mit dem Begriff »Verbundenheit« umschreiben. Was mich an der Arbeit dort fasziniert hat, war der permanente Wechsel, beziehungsweise das permanente Zusammenspiel von Individualität und Teamarbeit. Auf der einen Seite musstest du beim SEK immer in der Lage sein, autark zu arbeiten, dich um dich selbst zu kümmern und deine Aufgaben zu erledigen. Anderseits wusstest du, dass du ohne das Team nichts bist, das Team ohne dich aber auch nichts.

Die Verbundenheit, die aus dieser Konstellation entstand, hat mich in der ganzen Zeit beim SEK getragen. Dazu gehörte unbedingt auch das Thema Verlässlichkeit. Wenn du als Einzelner zum Beispiel eine Aufgabe übertragen bekommen hast, warst du dafür verantwortlich. Die Mitglieder deines Kommandos haben sich auf dich verlassen. Wenn du die Aufgabe bekamst, in einem Monat ein gemeinsames Training mit den Kollegen aus Hamburg zu organisieren, dann hattet du das zu erledigen. Wirklich zu leben, was du sagst und was du versprichst, die nötige Disziplin für deine Aufgaben aufzubringen – von dieser Prägung profitiere ich noch heute sehr. Zumal ich leider auch die Erfahrung mache, dass viele Menschen, mit denen ich im zivilen Alltag oder in meinem neuen Job zu tun habe, mit diesen mir so wichtigen Prinzipien gar nichts anfangen können. Wäre an sich kein großes Thema. Allerdings hadern viele dieser Menschen mit ihrem Leben. Sie wollen eigentlich auch etwas Besonderes leisten. Sie würden gern ein besonderes Leben führen. Allerdings sind sie nicht bereit, etwas Besonderes dafür zu tun. Sie sind nicht willens, sich auch mal selbst herauszufordern oder gar zu quälen. Sie sind nicht konsequent. Aber ohne Konsequenz, ohne die Bereitschaft, das zu tun, was nötig ist, um seine Ziele zu erreichen, bleibt das Leben dem Zufall überlassen. Für mich persönlich habe ich die Entscheidung getroffen, dass ich so nicht leben will. Egal, ob SEKie oder nicht.

Kapitel 22

Die Täter sind überall – Kriminalität in unserer Gesellschaft

In der Zeit, in der dieses Buch entstand, schien es, als würden sich die Amok- und Terrorlagen in Deutschland mal wieder häufen. Es gibt solche Phasen, in denen man das Gefühl hat, dass die ganze Welt am Durchdrehen ist.

Am Hamburger Flughafen gelingt es zum Beispiel im November 2023 einem bewaffneten Mann, mit seinem Auto auf das Vorfeld zu fahren. Mit im Wagen hat er zudem noch eine Geisel: sein eigenes Kind. Gerade mal vier Jahre alt. Ausgangspunkt der Geiselnahme war ein eskalierender Sorgerechtsstreit. Doch die Begleitumstände der Tat lassen den Schluss zu, dass die Eskalation geplant war. Der Täter hat nicht nur eine Waffe bei sich, als er das Kind aus der Obhut der Mutter entführt, sondern auch Brandsätze. Auch die rücksichtlose Gewalt, mit der der Mann ohne Zögern mit seinem Wagen die Sicherheitssperre am Flughafen durchbricht, lässt darauf schließen, dass sich da jemand emotional auf die Tat vorbereitet hat.

Auf dem Vorfeld schießt der Mann schließlich in die Luft und wirft mit Brandsätzen um sich. Seine Forderung: Er will mit seiner Tochter in ein Flugzeug Richtung Türkei steigen. 20 Stunden dauert die Geiselnahme. Dann endlich gelingt es der Polizei, den Mann zum Aufgeben zu bewegen. In dieser Zeit ist der Flughafen komplett heruntergefahren. Nichts geht mehr. Mehr als 200 Flüge werden gestrichen. Über die Verhandlungen heißt es später, dass es mehrmals die Hoffnung gab, dass der Mann früher aufgibt. Doch im letzten Moment gewann doch immer wieder die aggressive Verzweiflung bei ihm Oberhand über die Vernunft. Erst nach vielen Stunden schwinden dem Mann die Kräfte. Er willigt ein, sich vor sein Auto zu legen, und lässt sich widerstandslos festnehmen. Seine Tochter ist körperlich unversehrt. Wie lange sie wohl brauchen wird, um das Erlebte zu begreifen und zu verarbeiten?

Januar 2024. Ein 44 Jahre alter Mann betritt in Ulm gegen 19 Uhr ein Lokal. 13 Menschen halten sich dort auf und werden gleich die schrecklichsten Minuten ihres Lebens durchleiden. Der Mann hat mehrere Soft-Air-Waffen – Kurz- und Langwaffen – bei sich, die wie echte Waffen aussehen. In seiner Tasche und in seinem Wagen wird die Polizei später weitere Waffen finden: Messer, Äxte und eine Machete. Der Mann scheint kein Anfänger zu sein.

Im Alleingang 13 Geiseln in Schach zu halten, ist anstrengend und kostet Aufmerksamkeit und Energie. Also lässt er sieben Personen laufen. Mit sechs Menschen bleibt er im Lokal, dass schon bald von Polizisten und Kräften des Spezialeinsatzkommandos umlagert wird. Während der Verhandlungen mit der Polizei macht der Mann deutlich, dass er es darauf abgesehen hat, erschossen zu werden. Er lässt schließlich fünf weitere Geiseln gehen.

Gegen 20:20 Uhr passiert der totale Horror: Der Mann verlässt mit der letzten Geisel das Lokal und bedroht dabei die Geisel mit einer Waffe. Zum Glück kann er vom SEK durch gezielte Schüsse handlungsunfähig gemacht werden. Eine Passantin berichtet in der Presse von drei Schüssen, die gefallen seien. Schwerverletzt wird der Mann ins Krankenhaus gebracht und notoperiert. Er überlebt.

Bei der Aufarbeitung des Falls wird sich herausstellen, dass wir es hier mit einem Afghanistan-Veteranen der Bundeswehr zu tun haben. Ich weiß nicht, was der Mann dort erlebt hat, aber es hat ihn wohl gebrochen. Gut möglich, dass er an einer Posttraumatischen Belastungsstörung leidet. Bereits in der Vergangenheit soll der Mann suizidale Absichten geäußert haben.

Anfang März ploppt am Abend plötzlich die Meldung einer Geisellage in Aachen auf. Und der Fall lässt aufhorchen. Erstens findet er in einem Krankenhaus statt. Zweitens ist der Täter diesmal eine Täterin. Und drittens ist die Frau 65 Jahre alt.

Gegen 17 Uhr betritt die Frau an einem Montag das Krankenhaus. Was zu diesem Zeitpunkt noch niemand weiß: Sie hat vorher ihre Wohnung in Brand gesetzt. Sie führt eine Schreckschusswaffe bei sich, die sich nur von absoluten Experten von einer echten Schusswaffe unterscheiden lässt. Mitarbeitern des Krankenhauses gelingt es dennoch, der Frau die Waffe zu entwenden. Eine potenziell lebensgefährliche Aktion, die ich persönlich nicht nachvollziehen kann. Ich kann nur jedem raten, in so einer Situation niemals den Helden zu spielen. Es ist vollkommen okay, sich selbst und andere in Sicherheit zu bringen und diese Arbeit Menschen zu überlassen, die einem Täter besser geschützt und professionell ausgebildet gegenübertreten. Kugeln schaffen mitunter unwiderrufliche Tatsachen. Geht dieses Risiko nicht ein!

In diesem Fall ging es gut. Nachdem ihr die Waffe entwendet worden ist, agiert die Frau wohl mit Pyrotechnik und flüchtet tiefer ins Krankenhaus. Im OP-Bereich angekommen zündet sie einen Bengalo oder legt zusätzlich ein Feuer – das ist im Nachhinein nicht mehr eindeutig zu klären. Einer der Operationssäle brennt dabei vollkommen aus. Anschließend verbarrikadiert die Frau sich in einem Patientenzimmer. Sie scheint außerdem Sprengstoff bei sich zu führen. So die Informationslage.

Die schnell vor Ort befindlichen Spezialeinsatzkräfte riegeln sofort den Gang ab, in dem sich das Zimmer mit der Täterin befindet. Unterdessen beginnt die Arbeit im Hintergrund: Teile des Krankenhauses müssen geräumt werden. Sollte die Frau wirklich Sprengstoff bei sich führen, ist unklar, welche Menge und mit welchem Zerstörungspotenzial. Das Verhandlungsteam nimmt seine Arbeit auf. Außerdem werden zahlreiche Rettungswagen aus der Umgebung zusammengezogen, um Patienten oder Verletzte im Falle eines Falles in andere Krankenhäuser verlegen zu können.

Logistisch ist ein Einsatz im Krankenhaus eine Katastrophe. Es müssen unheimlich viele Entscheidungen getroffen werden. Denn abseits der Lage im Krankenhaus hören die Menschen in der Umgebung natürlich nicht damit auf, Unfälle zu haben. Klaus-Peter stürzt betrunken in seinen Glastisch im Wohnzimmer und schneidet sich dabei die Arme auf. Bei einem Hochstart an der Ampel übertreibt es ein Motorradfahrer und fliegt meterweit von seiner Maschine. Sabine ist in der Küche abgelenkt und verbrüht sich den Fuß mit heißem Wasser. Was in einer Stadt eben jeden Tag so an Unglücken passieren kann. Während der Einsatz läuft, muss daher einerseits die Notfallversorgung neu organisiert und mit den umliegenden Krankenhäusern koordiniert werden. Andererseits muss im Krankenhaus selbst entschieden werden, welche Fälle wie priorisiert werden und über welche Ressourcen man überhaupt verfügt, um die Patienten zu evakuieren.

Ob die Versuche, mit der Amokläuferin Kontakt aufzunehmen, erfolgreich waren, erfährt die Öffentlichkeit nicht. Es ist fast 23 Uhr als die Frau aus dem Zimmer stürmt und in Richtung der Beamten läuft. Sie trägt dabei um den Bauch etwas, das wie ein Sprengstoffgürtel aussieht. Die Beamten haben nun keine wirkliche Wahl mehr. Sollen sie riskieren zu schießen, in der Hoffnung, dass der Gürtel unecht ist? Und wenn er echt ist, mit draufgehen?

Sie schießen auf die Frau. Zweimal. Sie überlebt, wird dabei aber schwer verletzt. Später stellt sich heraus, dass der vermeintliche Sprengstoffgürtel eine Attrappe war. Wahrscheinlich handelte es sich dabei um ein klassisches sogenanntes *Suicide by cop*-Szenario. Es gibt Menschen, die sterben wollen, die aber wissen, dass sie selbst nicht die Kraft haben, sich umzubringen. Also kreieren sie eine Situation, in denen jemand anderes das für sie tut.

Auch bei diesem Einsatz haben sehr viele Menschen traumatische Minuten erlebt. Da wäre das Personal des Krankenhauses. Die Patientinnen und Patienten. Die Angehörigen, die vielleicht keinen Kontakt mehr zu ihren Familienmitgliedern im Krankenhaus mehr aufnehmen konnten.

Ende Februar 2024 kommt es an einem Gymnasium in Wuppertal zu einer Messerattacke. Ein 17-Jähriger verletzt mehrere Mitschüler. Einige davon schwer. Bei der Tatwaffe handelt es sich um ein Klappmesser mit einer 6 bis 8 Zentimeter langen Klinge. Offensichtlich reagiert der Täter auf die Ansprache eines Lehrers und legt seine Tatwaffe nieder. Die Opfer können sich daraufhin in Sicherheit bringen. Der Täter bleibt mit dem Lehrer allein im Raum zurück.

Als die Spezialeinsatzkräfte eintreffen, versucht der Täter, die Beamten anzugreifen, und äußert den Wunsch, von ihnen erschossen zu werden. Die Beamten können den Jugendlichen jedoch überwältigen und festnehmen. Die ersten Vernehmungen nach der Tat deuten auf eine psychische Erkrankung in. Der Täter gibt in einem Bekennerschreiben an, einem »inneren Zwang« gefolgt zu sein. Eine Meldung der Direktorin der Schule nach der Tat enthält ebenfalls Hinweise auf eine psychische Erkrankung, die wohl der Schulleitung bekannt war.

Im Jahr 2000 gaben 5 Prozent der Schüler an, mit einem Messer in die Schule zu gehen. Mittlerweile sind es 20 Prozent. Von fünf Schülern hat also einer ein Messer dabei. Und da sind andere Waffen wie Schlagringe oder Schlagstöcke noch nicht einmal mit eingerechnet. Es ist statistisch belegt, dass Menschen, die eine Waffe bei sich führen, eher bereit sind, Konflikte einzugehen. Und ihre Waffe einzusetzen. Weil sie sich mit Waffe stärker und ihrem Gegenüber überlegen fühlen. Dass es mehr und mehr Waffen auf den Schulhöfen und in den Klassenzimmern gibt, führt zu einer Gewaltspirale. Wie gesagt, die Waffen werden nicht nur mitgeführt, sie werden auch eingesetzt. Nicht immer wird zugestochen oder zugeschlagen. Doch die Drohung mit einem Messer in der Hand reicht aus, um die Gewaltspirale in Gang zu setzen. Ist die Schule nicht in der Lage, das Problem zu lösen, wird ein Schüler, der bedroht wird, sich selbst schützen wollen. Und ebenfalls ein Messer mit in die Schule bringen. Und so kommt eins zum anderen.

2022 wurden in Bayern 744 Schüler und 43 Lehrer an Schulen bei gewalttätigen Auseinandersetzungen verletzt. In Berlin gab es im selben Jahr an jedem Schultag im Durchschnitt fünf Polizeieinsätze an Schulen. Insgesamt zählte die Berliner Polizei 2344 Fälle von Körperverletzung. In Niedersachsen wurden 2023 insgesamt 3270 Personen Opfer von Gewalt. 2022 waren es »nur« 2630. Es sind alarmierende Zahlen, die das Problem vielleicht noch nicht einmal in Gänze abbilden. Denn noch immer gibt es bundesweit keine einheitliche Erfassung von Gewalttaten an Schulen.

Es heißt oft, dass Messergewalt ein Problem migrantischer Milieus sei. Die Kriminalstatistik gibt das aber nicht her. Weder die von der Polizei erfassten Fälle noch die Auswertung von Gerichtsurteilen. Fakt ist jedoch, dass es in sozial schwächer gestellten Milieus häufiger zu Gewalt kommt. Hier werden nicht nur häufiger Kinder Opfer von Gewalt, sondern sie werden auch häufiger selbst gewalttätig. Weil sie von Eltern oder Bekannten vorgelebt bekommen, dass der Stärkere das Recht hat, Aggression gegen Schwächere auszuüben. Also bewaffnen sie sich und suchen sich den Nächstschwächeren. Immer schön nach unten treten.

Zu diesen sozial schwächeren und gewaltaffinen Milieus gehören leider auch viele Migranten. Das Problem ist jedoch nicht ihr Migrationshintergrund, sondern ihre fehlende soziale Perspektive. Ebenfalls belegt ist ein Zusammenhang zwischen Gewaltkriminalität und bildungsschwachen Milieus.

Eine Aussage dazu, wer Messerangriffe verübt, ist außerdem aus Gründen der Datenerfassung schwierig. Die Herkunft der Täter wird statistisch meist gar nicht erfasst, und wenn, dann wird häufig mit den Kategorien »deutsch« und »nichtdeutsch« gearbeitet. Eine einheitliche und detailliertere Erfassung für alle Bundesländer gibt es nicht. Was es jedoch gibt, sind Untersuchungen zur Berichterstattung über Messerangriffe. Diese belegen, dass die Häufigkeit, mit der über nichtdeutsche Täter berichtet wird, höher ist, als die Statistik nahelegt. Sprich, über die Fälle mit nicht-deutschen Tätern wird sehr viel eher und häufiger berichtet. Bei Tätern mit deutscher Herkunft wird die Nationalität in der Berichterstattung meist gar nicht erwähnt. So entsteht der Eindruck, dass Messerangriffe vor allem ein Problem von Migranten seien. Obwohl sich, soweit man es bei der uneinheitlichen Statistik sagen kann, die Fälle von deutschen und nicht-deutschen Tätern die Waage halten.

Wenn ich gefragt werde, was Menschen zu Tätern macht, was sie austicken lässt, spielt für mich die Psyche eine wichtige Rolle. Die meisten Täter, mit denen ich beim SEK zu tun hatte, befanden sich in einer emotionalen Ausnahmesituation. Es gab auch psychisch kranke Menschen, wie den Gitarrenspieler, doch diese waren eher die Ausnahme. Was führt zu diesen emotionalen Ausnahmesituationen? Meist eine psychische Überforderung, die von einer schwerwiegenden Veränderung im Leben hervorgerufen wird. Diese Menschen wurden im wahrsten Sinne des Wortes aus der Bahn geworfen. Durch eine Scheidung oder Trennung oder durch den Verlust ihres Jobs. Von einem Tag auf den anderen ist ihr gewohntes Leben plötzlich nicht mehr da. Es fühlt sich für sie an, als würde ihnen der Boden unter den Füßen weggerissen. Wenn es dann keine anderen Menschen und Netzwerke gibt, die sie auffangen, fallen sie. Und versuchen womöglich, andere mit sich zu reißen.

Das soll weder eine Entschuldigung noch eine Rechtfertigung für ihre Taten sein. Im Gegenteil: Wir müssen uns als Gesellschaft fragen, warum Menschen Gewalt und sogar tödliche

Gewalt gegen andere auch nur als Möglichkeit einer Reaktion auf eine solche Ausnahmesituation ansehen. Oft ist es so, dass die Täter emotional leiden und daher glauben, dass es nur gerecht sei, wenn andere Menschen ebenfalls leiden. Insbesondere diejenigen Menschen, die sie als Verursacher für ihr Leid ansehen. Es ist mittlerweile in Studien belegt, dass vor allem Menschen zu Tätern werden, die sich selbst als Opfer sehen.

Es kommt auch vor, dass Menschen unter dem Einfluss von Drogen oder Alkohol zu Tätern werden. Allerdings reden wir hier tatsächlich von Taten, die aus dem Affekt heraus geschehen und die nicht geplant sind. Die wenigsten Einsätze, die wir beim SEK fahren, haben diesen Grund. Die emotionalen Ausnahmesituationen beschäftigen uns sehr viel mehr.

Amok-Täter oder Terroristen handeln dagegen nicht im Affekt. Sie agieren meist wohlüberlegt oder sogar kaltblütig und planen ihre Taten oft über Monate oder Jahre. Sie wissen genau, was sie tun. Sie handeln bei vollem Bewusstsein. Selbst wenn später bei ihnen eine psychische Erkrankung diagnostiziert wird. Diese Menschen empfinden auch keine Reue. In der Welt, in der sie leben, ist ihre Tat gerechtfertigt. Es handelt sich dabei meist um sehr zurückgezogene Menschen, die wenige oder keine wirklichen Beziehungen zu anderen Menschen haben. Wer tiefer in die Psyche von solchen Tätern einsteigen will, kann sich mit der Arbeit des Forschungsverbundes TARGET befassen, der sich der Motiv- und Täteranalyse widmet, Präventionsmaßnahmen erarbeitet und Risikoanalysen erstellt.

Eine große Gemeinsamkeit gibt es allerdings bei Tätern: Gewaltkriminalität ist in unserer Gesellschaft vor allem ein männliches Problem. Die Täter sind vor allem Männer. Warum ist das so? Zunächst mal: Gewalt ist kein ausschließliches menschliches Verhalten. Es gibt auch absichtsvolle Gewalt im Tierreich. Bei zahlreichen Tieren, etwa Walen oder Katzen, wurde bereits ein Jagdtrieb beobachtet, der nicht nur dem Nahrungserwerb dient. Katzen quälen Mäuse, die sie gefangen haben, manchmal stundenlang, bevor sie sie endlich erlösen. Löwenmännchen, die ein Rudel übernehmen, töten die Babys ihres Vorgängers und fressen sie auf. Auch Vergewaltigungen kommen im Tierreich vor, zum Beispiel bei Delfinen, Schafen oder Fledermäusen. Bei Enten kann sexuelle Gewalt sogar so weit gehen, dass die männliche Ente die Partnerin dabei ertränkt.

Gewalt ist Teil der Natur. Gewalt ist Teil unserer Natur.

Bei uns Menschen kommt jedoch noch ein verstärkender Faktor hinzu: unsere Sozialisation. Ich selbst bin als Junge noch mit Sätzen wie »ein Indianer kennt keinen Schmerz« aufgewachsen. Als Eishockeyfan habe ich erlebt, wie Menschen in der Arena es feiern, wenn sich Spieler auf dem Eis plötzlich prügeln. Oder nehmen wir einen Sport wie das Boxen, der nichts anderes ist als Gewalt, die wir in eine kulturell akzeptierte Form gebracht haben. Körperlich ist Boxen ein extrem anspruchsvoller Sport. Keine Frage. Aber am Ende des Tages geht es in dieser Sportart darum, seinen Gegner mit Gewalt zu bezwingen.

Wenn Jungs sich im Kindergarten oder auf dem Spielplatz raufen, dann sind es halt Jungs. »Die müssen das ausleben«, heißt es dann. Mädchen bekommen dagegen gesagt, dass es sich nicht schickt, körperliche Gewalt auszuüben. Ein kleiner Junge, der auf der Straße gegen eine Dose kickt, wird dafür gefeiert und als guter Fußballer gelobt. Würde es dieselbe Reaktion auch bei einem Mädchen geben? Nein, für ein Mädchen gehört es sich nicht, auf der Straße gegen Dosen zu treten. Jungs tragen Blau. Mädchen tragen Rosa. Und Jungs, die Rosa tragen? Gelten als schwul. Wie bitte? Während ein Mann, der mit vielen Frauen schläft, als toller Hecht dasteht, ist eine Frau, die mit vielen Männern schläft, eine Schlampe. Das alles meine ich mit Sozialisation.

Wir bewerten oft noch immer ein und dasselbe Verhalten vollkommen unterschiedlich, je nachdem, ob es ein Mann oder eine Frau zeigt. Männlichkeit wird in unserer Kultur noch immer an Körperkraft, an gesellschaftlicher Macht und natürlich an Geld festgemacht. Die Helden in Filmen sind Männer, die stärker sind als andere. Die prima Dinge explodieren lassen können. Die Drei-Wort-Sätze sprechen. Die Frauen retten. Solange wir dieses Bild von Männlichkeit zeichnen, ist es kein Wunder, dass ein Mann, der sein Leben lang gesagt bekommen hat, dass er stark sein muss, dass er sich gegen andere durchsetzen muss, dass er keine Gefühle zeigen darf, emotional überfordert ist, wenn seine vermeintlich heile Welt plötzlich aus den Fugen gerät, etwa, weil eine Frau ihn nicht mehr bedingungslos anhimmelt oder sich ihm unterwirft.

Zum Glück werden die Festlegungen, wie Männer und Frauen zu sein haben, immer mehr aufgebrochen. Übrigens auch für die Frauen. Für mich gehört zu einem gesunden Feminismus auch dazu, dass Frauen im Rahmen ihrer Möglichkeiten für sich einstehen und kämpfen können. Durchaus auch körperlich. Am besten wäre es jedoch, wenn wir eines Tages gar nicht mehr kämpfen, sondern einfach in Frieden leben könnten. Und wer seine Kräfte dennoch mit anderen messen will, der kann ja gern sehr harten Sport machen. Ich wüsste da ein paar fähige Ausbilder.

Kapitel 23

Im Angesicht des Terrors – Wie sollte ich mich verhalten?

Kommt es zu einer Terror- oder Amok-Lage, sind die meisten Menschen erst einmal überwältigt. Es kann sogar passieren, dass sie den Ernst einer Lage überhaupt nicht verstehen. Da knallen plötzlich Schüsse? »Nee, das waren bestimmt Silvesterknaller. Schüsse? Hier? Das gibt es doch nicht. Nicht bei uns! Sowas passiert doch nur in den USA. Oder im Fernsehen.«

Achtet man jedoch ganz genau auf das Gefühl, das man beim Hören der Schüsse hatte, weiß man eigentlich, dass das keine Silvesterknaller waren. Sondern etwas anderes, sehr viel Bedrohlicheres. Das Nicht-Zulassen dieser Erkenntnis ist ein menschlicher Impuls. Er dient dazu, einen selbst zu beruhigen. Das ist soweit verständlich und nachvollziehbar. Niemand gerät gern in Panik. Doch die Ruhe zu bewahren und die Realität auszublenden sind zwei verschiedene Paar Stiefel. Während das eine bewusst geschieht, handelt man bei der Realitätsverweigerung wie fremdbestimmt.

Einen besonders krassen Fall dieser Realitätsverweigerung mussten wir beim Amoklauf 2019 in Halle beobachten. Dort stand eine Frau dem bewaffneten Täter Auge in Auge gegenüber. Sie sah sein Gewehr. Hörte Explosionen. Und dennoch blieb die Situation für die Frau so surreal, dass sie sie nicht erfassen konnte.

Der Hintergrund war ein geplanter Massenmordanschlag auf die jüdische Gemeinde in Halle. Der Täter hatte versucht, in die dortige Synagoge einzudringen. Die Gemeinde feierte gerade den Versöhnungstag Jom Kippur. Es ist der höchste Feiertag für Juden. Entsprechend viele Gemeindemitglieder - etwa 50 Menschen - waren in der Synagoge versammelt. Doch zum Glück konnte der Täter nicht in das Gebäude hineingelangen. Aufmerksame Wachleute in der Synagoge hörten die Explosionen von Sprengsätzen des Täters, sahen ihn durch die Überwachungskameras vor der Tür und schlossen von innen ab.

In diesem Moment kommt die zuvor erwähnte Frau an der Synagoge vorbei. Doch statt sich unmittelbar in Sicherheit zu bringen, spricht sie den Mann direkt an und fragt: »Muss das sein, während ich hier entlanggehe?« Diesen Satz, Ausdruck einer kompletten Fehleinschätzung dessen, was da gerade vor ihren Augen passiert, bezahlt die Frau mit ihrem Leben. Sie geht weiter. Der Täter erschießt sie von hinten. Er wird später noch weitere Menschen töten, die jedoch keine Chance gehabt haben, ihm zu entfliehen.

Die Frau ist mit ihrer Fehleinschätzung beziehungsweise Realitätsverweigerung nicht allein. Als sie erschossen wird, hält sich ein Briefträger ganz in der Nähe auf. Er muss die Schüsse gehört haben. Dennoch verrichtet er seine Arbeit einfach weiter, als wäre nichts geschehen. Auch andere Passanten gehen nicht etwa sofort in Deckung, sondern schauen dem Treiben des Täters zu, der sich schließlich vom Tatort entfernt.

Dieses Beispiel zeigt auf sehr extreme Weise, wie irrational Menschen mitunter auf Amok- und Terrorlagen reagieren können. Selbst die Polizisten, die anschließend zur Synagoge fahren, begeben sich unnötig in Gefahr. Sie legen ihre Schutzwesten erst nach neun Minuten or Ort an. Was sie nicht wissen: Währenddessen fährt der Täter sogar noch einmal an ihnen vorbei. Entweder hat die Meldung, dass sie es mit einem bewaffneten Täter zu tun haben, sie nicht erreicht. Oder sie haben sie ignoriert. In jedem Fall ist hier auch bei den Profis ein schwerer, da lebensbedrohlicher Fehler passiert.

Ich vermute, dass diese Realitätsverweigerung eine besondere Form des sogenannten *Freezes* ist. Bei aufsteigender Panik kommt es in der Regel zu einer von drei wesentlichen Reaktionen: Es gibt das bereits angesprochene Erstarren oder Einfrieren (englisch *freeze*) den Instinkt zu fliehen und das Umschalten in den Angriffsmodus. *Freeze, Flight, Fight.* Den *Freeze*-Modus halte ich für besonders gefährlich. Durch den Schock sind Menschen wie gelähmt. Manchmal körperlich, manchmal geistig, manchmal beides zusammen. Sie können sich mitunter nicht bewegen und auch nicht wegrennen. Oder sie handeln im Autopilotmodus und machen ganz normal weiter, als wäre nichts. Beim *Freeze* schafft es das Gehirn nicht, die Situation zu verarbeiten. Du entwickelst folglich auch keine Handlungsoptionen. Nichts tun hilft jedoch auf keinen Fall weiter. Atme daher tief durch und versuche dir klarzumachen: »Das passiert gerade wirklich. Es ist scheiße, was da gerade passiert, aber es passiert.« Wer zu lange im *Freeze* verharrt, erhöht die Wahrscheinlichkeit, dass der Täter ihn schließlich erreicht. Erstarrte Menschen sind eine leichte Beute. Sie wehren sich nicht. Sie geben leichte Ziele ab. Und auf genau solche Menschen haben es Amok-Täter meist abgesehen.

Außerdem erhöht sich die Gefahr, dass du von anderen Menschen, die sich bereits zur Flucht entschlossen haben, verletzt wirst. Menschen in Panik verlieren jeden moralischen Kompass. Sie rennen einfach los und nehmen auf nichts mehr Rücksicht. Sie schubsen andere Menschen, wenn diese nicht schnell genug oder im Weg sind. Sie treten auf Menschen, die am Boden liegen. Nicht selten trampeln sie auf der Flucht Menschen sogar unabsichtlich tot. Sie handeln wie von Sinnen. Und sind es auch.

Sowohl beim *Freeze* als auch beim Panik-*Flight* ist es lebenswichtig, aus dem Schock herauszukommen. Es ist normal, dass du in so einer Situation Angst hast. Nur ist eben die Frage, ob du die Angst beherrschen kannst oder ob du von deiner Angst beherrscht wirst, wie das bei der Panik der Fall ist. Panik erhöht die Wahrscheinlichkeit zu scheitern. Gelingt es dir jedoch, deine Angst zu beherrschen, ist sie dir sogar ein Verbündeter. Sie kann Kräfte und Energien freisetzen, derer du dir gar nicht bewusst warst. Versuche daher in Ausnahmesituationen immer, dein Bewusstsein so schnell wie möglich wieder anzuknipsen. Renne nicht einfach allen anderen hinterher, sondern versuche ein Gefühl für die Lage zu bekommen. Nicht irgendwas zu tun, sondern die richtigen Dinge zu tun. Dein bewusster Fokus sollte ab sofort nur noch auf dem liegen, was du tun kannst, um dich in Sicherheit zu bringen. Und das ist meist eine ganze Menge.

Das Wichtigste: Setze alles daran, so schnell wie möglich aus dem Sichtfeld des Täters zu kommen. Ist dieser mit einer Schusswaffe unterwegs, kann er leider über große Entfernung und auf großen Flächen wirken. Allerdings: Schießen – und Treffen! – ist nicht so leicht, wie viele glauben. Und jede Deckung kann dir helfen, es dem Täter schwerer zu machen.

Ist der Täter mit einer Machete oder einem Messer bewaffnet, bring einfach so schnell wie möglich so viel Abstand wie möglich zwischen dich und ihn. Achte dabei auf Flucht- und Rettungswege. Die Notausgänge sind in allen öffentlichen Gebäuden mit den typischen grünen Schildern markiert, auf denen eine Tür und ein Mensch abgebildet ist. Sie weisen dir in der Regel den Weg zu einem alternativen Ausgang. Außerdem findest du dort meist auch Feuerlöscher. Feuerlöscher sind prima, falls du doch gezwungen sein solltest, dich verteidigen zu müssen. Warne auf deiner Flucht alle Menschen, die dir begegnen und die die Lage vielleicht noch nicht erfasst haben. Fasse dich dabei kurz und sag den Leuten auch gleich, was sie zu tun haben: Fliehen über den Notausgang. Für mich ist der Check der Notausgänge längst ein Automatismus geworden, sobald ich ein öffentliches Gebäude betrete.

Wichtig: Versuche niemals, den Helden zu spielen. Angreifen ist immer die schlechteste deiner Möglichkeiten. Kämpfe wirklich nur dann, wenn es nicht mehr anders geht. Selbst bei uns im Kommando gilt: Eigensicherung geht immer vor Fremdsicherung. Wenn ein SEK-Beamter weiß, dass die Wahrscheinlichkeit zu sterben bei einem bestimmten taktischen Vorgehen oder bei einer Rettungsaktion bei 90 Prozent liegt, dann ist das nur die allerletzte Option. Und das, obwohl wir über ganz andere Mittel verfügen – wie eben Sicherungswesten, Helme und Schusswaffen –, um uns selbst zu schützen. Mein Großvater, der den Zweiten Weltkrieg miterleben musste, hat immer zu mir gesagt: »Helden leben auch nur fünf Sekunden länger.« Er bezog sich dabei auf Kameraden, die mit vermeintlichem Heldenmut aus dem Schützengraben sprangen und den Sturm anführen wollten. Und oft genug mit dem Leben dafür bezahlten.

Ich weiß, dass Amok- oder Terrorlagen immer auch mit einem Gefühl der Ohnmacht einhergehen. Man fühlt sich dem Täter ausgeliefert. Sich dem Täter kämpfend entgegenzustellen, wirkt gegen dieses unnagenehme Gefühl der Ohnmacht. Nur eben, wenn du Pech hast, nur für fünf Sekunden. Dann war es das.

Ich weiß, dass es für manche schwer ist, Kinder oder Frauen zurückzulassen. Aber hilf anderen nur, wenn du eine Aussicht auf Erfolg hast. Die wichtigste Hilfe – und das sollte immer deine erste Handlung sein, wenn du dich selbst nicht mehr in unmittelbarer Gefahr befindest – ist die Alarmierung der Polizei. Je eher wir als Spezialisten für solche Situationen vor Ort sein können, desto eher können wir den Täter stellen und womöglich verhindern, dass er noch mehr Schaden anrichtet.

Wenn du die Meldung gemacht hast und noch immer nicht in unmittelbarer Gefahr bst, kannst du anderen helfen, indem du sie aus ihrem *Freeze* befreist. Sag ihnen, dass sie den Notausgang nehmen oder dir folgen sollen. Das reicht in dem Moment vollkommen aus.

Das große Problem mit Terror- oder Amok-Lagen ist, dass es zwar die oben genannten Grundsätze gibt – Eigensicherung geht vor Fremdsicherung, Flucht ist besser als Angriff –, aber eben nicht *den einen* verlässlichen Plan, der immer funktioniert. Dafür ist jede Lage zu unterschiedlich und zu komplex. Da wäre das Gebäude, in dem die Lage passiert. Je nachdem, wie das Gebäude geschnitten ist, ergeben sich unterschiedliche Handlungsmöglichkeiten. Die Zahl der Täter und ihre Bewaffnung spielt außerdem eine wesentliche Rolle. Handelt es sich um Schusswaffen oder Stich- und Hiebwaffen? Wird mit

Brandsätzen oder Sprengstoff gearbeitet? Wie viele Menschen befinden sich in dem Gebäude?

Nicht umsonst entwickelt zum Beispiel jede Schule ihren eigenen Amok-Plan. Oder sollte das zumindest tun. Ich erhalte regelmäßig Mails, in denen mich Schülern fragen, ob ich nicht in ihrer Schule vorbeikommen könne, um über das Thema zu informieren oder um überhaupt einen Amok-Plan zu entwickeln. Gerade bei Schulen sind oft die Anzahl der Gebäude sowie die Grundrisse vollkommen verschieden und bieten unterschiedliche Fluchtszenarien oder Möglichkeiten, sich zu verbarrikadieren, wenn sich eine Tür nicht abschließen lässt. Auf einem nach zwei Seiten offenen Schulflur die richtige Fluchtrichtung zu nehmen, ist wie Roulette spielen oder eine Münze werfen. Sich zu verstecken oder sich zu verbarrikadieren kann die bessere Option sein, vor allem, wenn man sich in den oberen Etagen eines Schulgebäudes befindet. Von dort aus sind die Wege nach draußen einfach zu lang. Im Erdgeschoss wiederum, in unmittelbarer Nähe zu Ausgängen, kann die Flucht nach draußen tatsächlich Sinn machen. »Draußen« bedeutet jedoch nicht automatisch Sicherheit. Über einen offenen Schulhof zu rennen, der keinerlei Deckung bietet, ist keine so gute Idee. Zu groß ist die Gefahr, dass ein Täter von einem Fenster aus auf einen schießt.

Es ist überlebenswichtig, dass Schüler und Lehrkräfte Amok-Trainings ernst nehmen und für den Fall der Fälle möglichst konkrete Lösungen und Möglichkeiten einüben. Eine Klassenzimmertür, die nach außen aufgeht, ist von innen schwerer zu verbarrikadieren als eine Tür, die nach innen öffnet. Wie gut das gelingt, hängt auch vom Mobiliar ab, mit dem das Klassenzimmer bestückt ist. Idealerweise versucht man, die Türklinke zu blockieren. Eine Verbarrikadierung der Tür aus Tischen kann gestützt werden, indem man hinter die Tische an der Tür eine Reihe aus miteinander verkanteten Tischen oder Stühlen bis zum gegenüberliegenden Fenster baut. Jede Barrikade hilft.

Nochmal: Amok-Täter haben in der Regel keine Zeit zu verlieren. Sie wollen schnell an ihr Ziel gelangen. Alles, was sie vom raschen Fortkommen abhält, kann sie weitertreiben. Und verschafft uns, der Polizei und dem SEK wertvolle Sekunden.

Wichtig sind in so einem Klassenzimmerszenario auch bestimmte Regeln: Etwa, dass eine einmal verbarrikadierte Tür zubleibt. Auch wenn jemand – egal ob ein Klassenkamerad oder eine Lehrkraft – von außen panisch dagegenklopft und um Einlass bittet. Niemand öffnet diese Tür. Doch genau das kann passieren, wenn nicht allen Beteiligten an der Schule klar ist, dass ein einmal erreichtes Sicherheitsniveau nicht wieder zurückgebaut werden darf. Auch hier geht Eigensicherung vor Fremdsicherung.

Ich bin mir bewusst, dass ein solches Szenario zu den denkbar traumatischsten gehört. Mitzuerleben, wie ein Mitschüler oder ein Lehrer draußen auf dem Flur womöglich um sein Leben kämpft, während man selbst nichts tun und ihn nicht reinlassen darf … das ist die Hölle. Aber es ist in diesem Moment richtig, da durch ein Öffnen der Tür das Leben aller im Raum wieder in Gefahr gebracht wird. Eine solche verbindliche Regel hilft – wenn sie denn allen bekannt ist! – aber auch der Person im Flur, den Fokus zu behalten. Ist eine Tür verschlossen, geht es weiter zur nächsten, bis man eine offene Tür findet oder zu einem Ausgang gelangt. Die Zeit, die man damit verschwendet, andere zu überreden, die Tür zu öffnen, kann am Ende genau die Zeit sein, die einem zur Flucht vor dem Täter fehlt.

Auch das Verhalten in einem verbarrikadierten Klassenzimmer ist wichtig. Der sicherste Platz ist in der sogenannten »toten Ecke« auf der Türseite. Selbst, wenn ein Täter schräg durch die Tür schießt, können die Kugeln nicht in diese Ecke gelangen. Der ballistische Winkel gibt das nicht her. Fenster sind tabu. Es sei denn, der Täter befindet sich mit Sicherheit nicht auf der Straße oder dem Schulhof. Wollen Rettungskräfte durch ein Fenster in ein Gebäude einsteigen, sind sie froh, wenn beim Entglasen niemand in der Nähe ist und verletzt wird.

Der Drang von Eingeschlossenen, durch Fenster zu schauen, ist stark, weil damit die Hoffnung auf Informationen verbunden ist. Man will wissen, was los ist. Sich vielleicht beruhigen. Alles menschlich. Aber es ist besser, wenn man in Deckung bleibt, sich absolut ruhig verhält und keine Aufmerksamkeit auf sich zieht. Amok-Täter suchen in der Regel nach einfachen Zielen. Eine verschlossene Tür kostet Zeit. Sie ist auch nicht so einfach aufzuschießen, wen man nicht weiß, wohin genau man schießen muss.

Wie aber soll sich eine Schulklasse verhalten, wenn sie ohne Lehrer im Klassenzimmer eingeschlossen ist? Wie können eingeschlossene Schüler sicher sein, dass es wirklich die Polizei ist, die vor ihrer Tür steht. Und nicht doch der Täter?

Gut wäre es, wenn heutzutage alle Schulen mit Amoktüren inklusive Türspion ausgestattet würden. An meiner Schule war dies sogar schon der Fall. Wir hatten extraschwere Amoktüren, die beim Auf- und Zumachen elektronisch unterstützt werden mussten. Ich verstehe nicht, warum nicht längst jede Schule mit solchen Türen ausgestattet ist. Ich kann mir auch nicht vorstellen, dass irgendjemand politisch gegen eine solche Maßgabe wäre.

Damit wir uns nicht falsch verstehen: Absolute Sicherheit gibt es nicht. Auch nicht mit regelmäßigen Amok-Trainings. Manchmal hat man einfach Pech und ist zur falschen Zeit am falschen Ort. Allerdings helfen regelmäßige Trainings dabei, die Schüler auf einen Ernstfall vorzubereiten und ihre Chancen zu verbessern. Ich verstehe es daher nicht, dass diese Trainings nicht genauso selbstverständlich sind wie Evakuierungsübungen bei einem Feueralarm. Meist ploppen sie aber nur im Nachgang nach aktuellen Amokläufen auf, um das kurz aus den Fugen geratene Sicherheitsgefühl wieder in die Balance zu bringen. Nachhaltig ist ein solches Vorgehen nicht. Es reiht sich jedoch in den allgemein nachlässigen Umgang unserer Gesellschaft mit dem Thema Sicherheit ein. Meist heißt es, man wolle die Schüler nicht verunsichern oder gar verängstigen. Schließlich seien Amok- oder Terrorlagen zum Glück ja sehr selten. Und die Wahrscheinlichkeit, selbst einmal betroffen zu sein, sehr gering. Grundsätzlich stimmt das.

Ich halte dennoch dagegen: Mit dieser Einstellung lässt man Schüler und auch Lehrkräfte mit der Angst allein. Über soziale Medien oder in den Nachrichten werden sie immer wieder mit Amokläufen an Schulen konfrontiert. Selten in Deutschland, aber leider recht häufig in den USA. In den vergangenen Jahren gab es dort in jedem Jahr zwischen 40 und 50 *School Shootings*. Die Zahl der *Mass Shootings* insgesamt übersteigt jedes Jahr die 600er-Marke. Das Thema ist bei Kindern und Jugendlichen also präsent. Warum hilft man ihnen nicht, es besser zu verstehen? Es richtig einzuordnen? Und ein Gefühl für die eigenen Handlungsmöglichkeiten im Fall der Fälle zu entwickeln? Vielleicht erarbeitet man die Themen »Amok und Terror« sogar zusammen mit dem Thema »Gewaltkriminalität«. Wie gesagt:

Jeder fünfte Schüler trägt mittlerweile in der Schule ein Messer bei sich.

Aber auch bei Terror- oder Amoklagen in der Öffentlichkeit kann ein bisschen Wissen viel bewirken. Kennst du zum Beispiel die Stelle, an der dir ein geparktes Auto den meisten Schutz vor Schüssen bietet? Hinter dem Vorderreifen. Dort sitzt der Motorblock und die Achse des Wagens. Und die schützen dich viel besser, als wenn du dich nur hinter den Autotüren versteckst. Autos sind abgesehen vom Motorblock für Schusswaffen so leicht zu durchdringen wie Butter und bieten dir nur einen Sichtschutz.

Amok- oder Terrorlagen in Zügen, Trambahnen oder Bussen sind speziell, da sich Täter und Angegriffene auf sehr engem Raum befinden. Das heißt, dass die Fluchtmöglichkeiten erst einmal extrem begrenzt sind. Nehmen wir ein Szenario in einem ICE. Du siehst, wie plötzlich Menschen den Gang entlang fliehen. Weil in entgegengesetzter Richtung jemand mit einer Axt oder mit einem Messer unterwegs ist. Hoffentlich informieren die Flüchtenden die anderen Reisenden, damit sie eine Ahnung haben, was auf sie zukommt. Ich weiß, dass es in einem Gang im ICE sehr eng werden kann. Und gerade wenn sich dort schon viele Menschen drängen, könnte es sein, dass die Sitzenden gar nicht mehr in den Gang kommen. Meine Priorität wäre es daher auch, den Zug sofort zum Stehen zu bringen, um weitere Fluchtmöglichkeiten zu schaffen. Steht der Zug, kann man ihn nicht nur über die Türen, sondern auch über die Notausstiegsfenster verlassen. Diese lassen sich mit dem über den Fenstern befestigten roten Nothammer einschlagen.

Neben der Information der Mitreisenden muss auch sofort das Zugpersonal informiert werden. Etwa, damit es die Türen öffnen kann. Und natürlich muss auch ein Notruf bei der Polizei abgesetzt werden. Steht der Zug noch nicht, sind bei einer Messerlage die Toiletten ein Ort, an dem sich Passgiere in Sicherheit bringen können. Leider sind die Toiletten im ICE sehr klein, sodass, selbst wenn sich die Menschen eng aneinanderdrängen, nicht sehr viele dort hineinpassen. Wird vom Täter eine Schusswaffe eingesetzt, bieten die Toiletten auch nur begrenzten Schuss. Doch auch hier gilt: der schlechteste Schutz ist besser als gar kein Schutz.

Die Enge im Zug ist einerseits hinderlich, bietet aber auch eine Chance. Denn auch der Täter kann sich in einem Zug nicht so frei und schnell bewegen wie draußen. Es ist leichter, Barrikaden zu errichten, etwa aus Koffern oder Rücksäcken. Sind die Türen offen, können die Menschen sich bei einer Messerlage bedenkenlos vom Zug wegbewegen. Ist der Täter mit einer Schusswaffe unterwegs, heißt es dagegen, so nah wie möglich am Zug zu bleiben und sich in die vom Täter abgewandte Richtung zu bewegen, aber nicht aufs offene Feld, da der Täter mit einer Schusswaffe weit wirken kann.

Züge bieten dir also zumindest einige Handlungsoptionen. Dieselbe Lage in einer Trambahn oder in einem Bus? Ein absolutes Horror-Szenario. Du kannst im Grunde nirgendwo hin. Du kannst nichts wirklich verbarrikadieren. Du kannst nur darauf hoffen, dass die Bahn rasch zum Stehen kommt und die Türen aufgehen. Und selbst dann ist die Wahrscheinlichkeit, dass die Lage für viele Menschen böse endet, sehr hoch. So ehrlich muss man sein. Die einzige Möglichkeit, hier gegen den Täter zu arbeiten, ist als Kollektiv. Stürzen sich drei oder vier Menschen gleichzeitig auf einen Einzeltäter, haben sie eine realistische Chance, ihn zu überwältigen. In der Praxis passiert ein solches Vorgehen jedoch selten, da niemand die Initiative ergreifen will und man hofft, doch noch irgendwie davonzukommen.

Apropos Kollektiv: Genau darauf kommt es auch bei Massenveranstaltungen zum Beispiel im Fußballstadion an. Du selbst kannst bei einer bestimmten Menge von Menschen als Individuum nicht mehr tun, als mit dem Kollektiv zu funktionieren. Panik erhöht auch hier die Wahrscheinlichkeit, dass Menschen zu Tode kommen. So, wie wir es beispielswiese beim *Love Parade*-Unglück 2010 erlebt haben. Bricht Panik aus, braucht es oft nicht einmal mehr die Einwirkung eines Täters, damit Menschen zu Tode kommen.

Im Stadion sind die Fluchtwege meist die Zugänge, über die du ins Stadion gelangt bist. Viel mehr Optionen, als stumpf den Anweisungen der Sicherheitskräfte zu folgen, bleiben dir nicht. Das Szenario ist einfach zu unübersichtlich. Solltest du nicht bereits mitten im Geschehen sein, sind belastbare Informationen darüber, welche Gefahrenlage überhaupt vorliegt und wie sich der Gefährder bewegt, nicht schnell genug zu bekommen, um wirklich überlegt zu handeln. Ruhe bewahren und auf deine Umgebung zu achten sind daher die hilfreichsten Dinge, die du tun kannst. Experimente zeigen, dass die Flucht sehr viel schneller gelingt, wenn Menschen kooperieren, als wenn gedrängelt wird.

Persönlich finde ich, dass die Auseinandersetzung mit dem Thema Sicherheit nicht automatisch in Angst münden muss. Ich gehe immer noch gern auf Weihnachtsmärkte oder Volksfeste. Und ich kann das auch genießen. Wäre das nicht mehr der Fall, hätten die Terroristen ihr Ziel erreicht, uns in ein Leben in Angst zu treiben.

Dass ich keine Todesangst verspüre, liegt aber sicher auch daran, dass ich mich aktiv mit dem Thema Tod auseinandergesetzt habe. Nicht zuletzt durch die Erlebnisse beim SEK, die mir gezeigt haben, wie schmal der Grat sein kann, auf dem wir als Menschen mitunter wandeln. Es reicht, einmal zur falschen Zeit am falschen Ort zu sein. Wirklich keiner von uns weiß, wann seine Zeit gekommen ist. Bei mir und meinen SEK-Kollegen hat diese Erkenntnis dazu geführt, dass wir sehr viel bewusster im Augenblick leben. Und eine große Dankbarkeit für den Moment und für die Zeit mit Menschen empfinden, die wir lieben.

Menschen, die den Tod eher verdrängen, neigen dazu, weniger im Hier und Jetzt zu leben. Sie lassen sehr viel Energie in Dinge fließen, die eigentlich nicht wichtig sind. Statt das Beste aus dem Augenblick zu machen, regen sie sich lieber über Dinge auf und sehen sich selbst als Opfer. Statt anzupacken, warten sie darauf, dass morgen alles besser wird. Und wenn sie eines Tages aufwachen, merken sie, dass sie alt geworden sind. Und dass das, worauf sie in ihrem Leben gewartet haben, nie passiert ist. So könnte ich nicht leben.

Kapitel 24

Das Ende meiner Reise – Warum ich das SEK verlassen habe

Trotz allem, was ich beim SEK gelernt habe, trotz dem guten Gefühl, das ich vor allem während und nach den Einsätzen hatte, kam ich irgendwann zu dem Schluss, dass ich das Kommando verlassen werde. Die Entscheidung kam nicht plötzlich. Sie reifte über Monate in mir heran.

Der Schritt fiel mir einerseits schwer, andererseits überhaupt nicht. Schwierig war es, weil ich wusste, dass ich die eigentliche Arbeit, die Einsätze vermissen würde. Und leicht war es, weil ich wusste, dass ich mich außerhalb des SEK auch wieder aus meiner Komfortzone bewegen musste. Dass ich mir eine neue Existenz aufbauen musste. Dass ich mir beweisen musste, dass ich auch außerhalb des SEK etwas Besonderes leisten kann.

Stell dir vor, du bist ein Bergsteiger. Was, wenn du endlich auf dem Mount Everest gewesen bist? Was willst du danach noch erreichen?

Als ich bei der Aufarbeitung meiner Zeit beim SEK in einem meiner YouTube-Videos sagte, dass für mich das Spiel ausgespielt gewesen sei, riefen mich auch einige Ex-Kollegen an. Sie empfanden den Spruch als respektlos. Als arrogant. Dabei steckte darin gar keine Wertung. *Meine* Reise beim SEK war zu

Ende. Ich hatte das Gefühl, dass ich dort nichts mehr für mich lernen würde. Ich war auf meinem persönlichen Mount Everest gewesen. Natürlich hätte ich immer und immer wieder hinaufgehen können. Aber genau das wollte ich nicht. Ich wollte eine neue Challenge. Was es mir außerdem leichter machte, war mein Sieg gegen mein Ego. Während in mir der Gedanke reifte, das Kommando zu verlassen, erinnerte ich mich zurück an die Zeit beim Grundlehrgang. Daran, dass unsere Ausbilder uns sagten, wir sollten uns als Menschen nicht nur über diesen Job definieren. Als ich darüber nachdachte, merkte ich, dass ich endlich so weit war. Ich war zu der festen Überzeugung gekommen, dass ich auch ohne das SEK ein ganz cooler Typ bin. Ich brauchte das SEK nicht mehr, um mein Ego zu füttern.

Anderseits stellte ich mir die Frage, ob ich nach viereinhalb Jahren SEK wirklich bereit war, diese körperlich wie psychisch extrem anspruchsvolle Arbeit noch sehr lange weiterzumachen. Sollte das jetzt wirklich mein Leben sein? Ich ging auf die 30 zu. Wie lange würde ich den Job beim SEK überhaupt noch machen können? Und wollte ich danach wirklich wieder auf Streife bei der Polizei gehen? Hinzu kamen in dieser Zeit mehrere Krankheitsfälle in der Familie.

Meine Kollegen wussten davon. Sie versuchten mich aufzufangen. Waren für mich da. Ich merkte aber gleichzeitig auch, dass sich die Tage häuften, an denen ich nicht mehr mit derselben Überzeugung ins Kommando fuhr, die mich einst dorthin gebracht hatte. Ich fühlte mich leer. Ich spürte das Feuer nicht mehr. Nicht, weil ich körperlich ausgebrannt war, sondern weil ich mich und meine Rolle beim SEK immer mehr in Frage stellte. Und damit wurde ich zu einem potenziellen Sicherheitsrisiko für meine Kollegen. Wir können es uns einfach nicht erlauben, in irgendeiner Form nachzulassen und nicht 100% bei der Sache zu sein. Das wollte ich auf gar keinen Fall.

Das Gefühl, dass ich beim SEK persönlich nichts Neues mehr lernen konnte, hatte sicherlich auch damit zu tun, wie sich das SEK in dieser Zeit entwickelt beziehungsweise *nicht* entwickelt hat. Je länger du dabei bist, desto öfter fallen dir die vielen Dinge auf, die das SEK zu einer - formulieren wir es positiv -, gut durchstrukturierten Behörde machen. Damit wir uns nicht falsch verstehen: Regeln sind gut und wichtig. Nur sollten sie eben auch einen Sinn haben. Ein Beispiel: Irgendwann kamen unsere Einsatzberichte zu uns zurück, wenn sich darin das Wort »entern« wiederfand. Wie sich jeder denken kann, handelte es sich um Berichte zu Einsätzen auf Schiffen. Das Wort »entern« wurde beanstandet, weil es »zu sehr nach Piraten klang«. Also wurden wir gebeten, den Bericht anzupassen. Eine Kleinigkeit. Wenn es bei dieser geblieben wäre. Doch mit der Zeit schlichen sich immer mehr dieser bürokratischen Kleinigkeiten in unseren Alltag und verursachten in meinen Augen unnötige Arbeit. Und wenn ich die Sinnhaftigkeit hinter einer Regel nicht sehe, tue ich mich schwer, sie umzusetzen. Beziehungsweise sehe ich auch den Schmerz anderer und störe mich daran. Die Einsatzberichte musste zum Beispiel immer der Gruppenführer schreiben.

Die Mitglieder des Kommandos mussten nur dann zum Stift greifen, wenn sie die Person waren, die auch die Festnahme durchgeführt hatte. Der Festnahmebericht landete wie der Einsatzbericht in den Akten und war wichtig, falls es später zu einem Gerichtsverfahren kommen sollte. Bei der Schlagzahl, die wir einsatztechnisch erlebten, war es unmöglich, sich die Details zu den Festnahmen über Monate oder gar Jahre zu merken. So sehr du dich auch gefreut hast, eine Festnahme erfolgreich durchgeführt zu haben, so sicher konntest du sein, dass deine Kollegen dich ziemlich schnell an den Festnahmebericht erinnerten. Es war einfach eine Arbeit, auf die keiner von uns Lust hatte.

Ein Thema, dass auch immer wieder auftauchte, war die Arbeitsbelastung. Eine Rufbereitschaft dauert fünf Tage. Normalerweise ist es unser Job, in dieser Zeit alle Einsätze abzuarbeiten. Einer, zwei, drei ... wie viele es sind, spielt keine Rolle. Manchmal häufen sich die Einsätze so, dass du auch mal für einen Tag rausgenommen wirst. Es ist die Aufgabe des Gruppenführers, darauf zu achten, dass seine Jungs fit sind. Einen Einsatz zu fahren, wenn alle schon auf dem Zahnfleisch gehen, wäre fahrlässig. Ein guter Gruppenführer lässt, wenn die Einsatzgruppe zwei Einsätze in Folge hatte und seit 24 Stunden auf den Beinen ist, die Fortbildung, die eigentlich auf dem Dienstplan steht, auch schonmal ausfallen. Weil Regeneration und Ausschlafen gerade wichtiger sind. Es gibt allerdings nicht nur gute Gruppenführer beim SEK.

Während der eine nachfragt, wie es dir geht, und dich ermutigt, es einzugestehen, wenn du überlastet oder zu müde bist, gibt es andere, die es für richtig halten, deinen Urlaub zusammenzustreichen, ohne zu fragen, ob das für dich in Ordnung geht. Ihren eigenen Urlaub stellen sie allerdings nicht zur Disposition. Klar, dass die Art, wie im Kommando miteinander umgegangen wird, die Motivation unmittelbar beeinflusst. Wer immer nur nimmt, muss sich nicht wundern, wenn irgendwann alle nur noch Dienst nach Vorschrift machen. Ja, wir sind darauf trainiert, viel zu leisten. Doch auch unsere Körper und Köpfe haben Grenzen. Die Regeln für Dienstzeiten und Pausen gibt es nicht umsonst. Wir sind keine Roboter. Wir haben Familien. Kinder. Die wir mit unseren oft außergewöhnlichen Dienstzeiten schon genug belasten.

Stichwort Motivation: Ich weiß, dass es Sinn macht, wenn die erfahrensten Kräfte vorne stehen. Ich hätte mir dennoch gewünscht, dass man sich traut, uns junge Kollegen auch anders einzubinden. Warum versucht man nicht, auch die jüngeren Kollegen in die Verantwortung zu nehmen? Ich hätte mir gewünscht, dass die Hierarchien in der Gruppe dynamischer gestaltet werden. Dass Vorschläge von jungen Kollegen aufgenommen und erprobt werden. Dass man mehr Mut zu Veränderungen hat und weniger »Das haben wir schon immer so gemacht«.

Ich habe insgesamt in der Polizei die Erfahrung gemacht, dass die Jungen in der Regel ausgebremst wurden. Das habe ich nie verstanden. Da hast du junge Leute, die brennen, die haben Bock, die wollen Dinge anpacken, die wollen sich weiterbilden. Wie ich mich privat in Themen reingefuchst habe! Nach einem halben, dreiviertel Jahr beim SEK habe ich mich zum Beispiel immer wieder mit einem Taktiktrainer getroffen. Einfach, weil mich dieses Thema am meisten interessiert hat. Die Impulse, die ich durch diesen privaten Einsatz ins Kommando gegeben habe, kamen auch richtig gut an. Alle waren super zufrieden mit meinem taktischen Verständnis. Gefördert oder belohnt wurde mein Einsatz jedoch nicht. Im Gegenteil: Immer wieder werden im Kommando Spezialisierungen ausgeschrieben. Das können neue Stellen für Präzisionsschützen, Öffnungstechniker, Kletterspezialisten oder eben Taktikexperten sein. Als im Bereich Taktik eine solche Spezialisierung ausgeschrieben wurde, bewarb ich mich, aber ich hatte keine Chance.

Am Ende bekam ein Kollege die Stelle, der schon seit sieben Jahren im Kommando war. Grundsätzlich völlig in Ordnung. Doof war nur, dass er überhaupt keinen Bock darauf hatte, das zu machen. Aber er war halt dran. Wegen der nächsten Beurteilung und Hochstufung. Er brauchte eine Stelle, auf die er keine Lust hatte, um befördert zu werden. Am Ende waren zwei Leute nicht wirklich glücklich. Er hatte zwar seine Beförderung bekommen. Besetzte allerdings dafür eine Stelle, die ihm keinen Spaß machte. Und ich hatte die Stelle, auf die ich hingearbeitet und für die ich alle Fähigkeiten mitgebracht hatte, nicht bekommen. Ist das wirklich die beste Art und Weise, als Arbeitgeber in Zeiten des Fachkräftemangels fähige Mitarbeiter bei der Stange zu halten?

Keine Sorge, diese Fragen stelle ich nicht nur hier im Buch. Ich habe sie auch im Kommando aufgeworfen. Das Echo darauf war verhalten. Meine Vorgesetzten waren selbst Gefangene der vorgegebenen Beurteilungssysteme und sahen keine andere Möglichkeit, als das Spiel mitzuspielen. Auch wenn sie mit den Regeln selbst nicht immer einverstanden waren. Schade. Ich finde, man kann die Welt auch dann schon besser machen, wenn es noch keinen großen Veränderungsdruck gibt. Ich verstehe Menschen nicht, die keinen eigenen Antrieb haben, die sich immer nur bewegen, wenn sie es müssen.

Ich hatte mal mit einem SEK-Kollegen ein sehr interessantes Gespräch zum Thema Geld und Rente. Bei der Polizei ist es wie in vielen anderen Branchen so, dass du umso mehr Geld verdienst, je länger du dabei bist. Mein Kollege, der schon Ende 40 war, meinte in diesem Gespräch, dass das eigentlich Schwachsinn sei. Er habe eine Frau, ein Kind, ein Haus, alles prima. Aber: »Weißt du, wann ich das Geld wirklich gebraucht hätte? Als ich noch jung war und ungebunden. Um alles auszuprobieren, um die Welt zu entdecken. Was soll ich denn mit Ende Sechzig mit dem ganzen Geld? Falls ich überhaupt so alt werde. Es kann doch nicht sein, dass das Leben erst mit der Rente anfängt.«

Ich hatte noch nie aus dieser Perspektive auf das Thema geschaut. Aber ich finde das einen interessanten Ansatz. Den Bedenkenträgern wird sicher eine Menge einfallen, warum das nicht möglich ist. Apropos Geld: Das ist bei keinem Kollegen eine Motivation. Wir verdienen genauso viel wie normale Polizisten. Die Höhe der Gefahrenzulage, die wir zusätzlich erhalten, ist von Bundesland zu Bundesland unterschiedlich. Mehr als ein paar hundert Euro sind es jedoch nirgendwo.

Überhaupt wird bei der Polizei und demzufolge auch beim SEK an Stellen gespart, die ich persönlich nicht für richtig halte. Niedersachen ist ein sehr flächengroßes Land. Wenn wir von Hannover aus mit dem Auto zu einem Einsatz nach Meppen müssen, dauert die Fahrt über zwei Stunden. Selbst, wenn wir richtig Gas geben. Hinzu kommt die Zeit, die wir benötigen, um uns für den Einsatz fertig zu machen. Wir versuchen natürlich, so schnell wie möglich auf der Straße zu sein. Schneller ginge es aber mit einem Helikopter. Den hätten wir auch gern gehabt. Jemand weiter oben entschied sich dagegen. Der Heli sei zu teuer. Lieber eröffnete man einen zweiten Standort in Oldenburg. Ob das wirklich günstiger ist? Ich fand es oft bedrückend, mit dem Gefühl zu einem Einsatz zu fahren, dass wir zu langsam waren.

Ich habe nie verstanden, dass auf der einen Seite so unheimlich viel von uns SEKies verlangt wird. Wenn es jedoch darum geht, unseren Einsatz zu honorieren, und zwar nicht nur finanziell, kommt da wenig. Als ob wir für die Gesellschaft nicht wichtig wären. Ich weiß, dass wir dieses Gefühl mit vielen anderen Berufsgruppen teilen. Vor allem mit denen, die in sozialen Berufen dienen. In der Pflege. In Kindergärten und Schulen. Komisch: Immer dort, wo es wirklich um die Arbeit mit Menschen geht, investieren wir viel zu wenig. Mich persönlich würde es nicht wundern, wenn auch das SEK schon bald Probleme bekäme, noch genügend Nachwuchs zu finden. Der Anspruch, den junge Menschen an ihr Berufsumfeld stellen, ist enorm gewachsen. Sie wollen mitreden. Mitgestalten. Etwas Sinnhaftes tun. Sie wollen finanzielle und emotionale Anerkennung. Sie wollen eine aufrichtige und echte Kommunikation.

Ich gehöre zu dieser anspruchsvollen Generation. Dadurch, dass ich nach meinem Studium den Weg zum SEK ohne Umwege über Dienstjahre bei der Polizei gehen konnte, war ich einer der jüngsten Kommandobeamten in Deutschland. Ich bin zudem ein Mensch, der einfach gern Verantwortung übernimmt. Wenn mich Dinge stören, ertrage ich sie nicht stumm. Ich will sie verändern. Verbessern. Diesen Anspruch habe ich auch ins SEK mitgenommen. Meine Möglichkeiten, dort Dinge zu verändern, waren allerdings ziemlich eingeschränkt. Mir blieb also nur noch eine Wahl: Wenn ich das SEK nicht verändern kann, muss ich mich selbst verändern.

Und genau das habe ich mit meinem Weggang und mit dem Aufbau meines YouTube-Kanals »Kuni« getan. Die Arbeit daran zwingt mich immer wieder aus der Komfortzone. Es geht dort nicht nur um meine Zeit beim SEK, sondern auch um Abenteuer, die jeder von uns in sein Leben einbauen kann. Um sich und das Leben mehr zu spüren. Es geht darum, Leben zu bewahren, wie ich es beim SEK immer versucht habe und wie ich es nun auch als Naturschützer mache. Und wie es vielleicht auch mit diesem Buch gelingt. Schau gern einmal vorbei. Vielleicht inspirieren dich ja ein paar meiner Geschichten, dich selbst auf einen neuen oder anderen Weg zu machen.

Kapitel 25

Brücken bauen – Es geht nur gemeinsam

Weißt du, warum ich nicht nur meine persönliche Geschichte erzähle, sondern auch so deutlich Kritik am SEK selbst und am gesellschaftlichen Umgang mit uns SEKies übe? Weil ich möchte, dass sich die Situation eines Tages für meine Kollegen verbessert, die noch dabei sind. Ein Problem verschwindet nicht dadurch, dass niemand darüber spricht. Und es verschwindet auch nicht, wenn man immer nur sagt, dass die anderen Schuld sind. Oft genug habe ich in meiner Zeit beim SEK jedoch genau das erleben müssen: Dass die Politik, aber zum Teil sogar die eigene Kommandoführung, ihre Polizisten mit problematischen Themen allein lässt und ihnen im Zweifel sogar noch den Schwarzen Peter zuschiebt.

Dabei sind wir diejenigen, die in die gesellschaftlichen Abgründe schauen. Nicht irgendwie theoretisch anhand von Statistiken oder Berichten auf Papier. Wir sehen den Terror mit eigenen Augen. Wir sehen die Gewalt. Wir sehen das Blut. Damit sollten wir nicht allein gelassen werden, nach dem Motto: »Ihr habt euch den Job doch selbst ausgesucht.« Ich kenne Kollegen, die von ihren Einsätzen eine Posttraumatische Belastungsstörung davongetragen haben. Und ich kenne Fälle, in denen die Kommandoführung das nicht wahrhaben wollte oder herunterspielte. Dieses Gefühl, von den Vorgesetzten, von der Politik und letztlich auch von der Gesellschaft, der wir dienen, im Stich gelassen zu werden, haben viele Polizisten. Und dann klingen die einfachen Antworten auf komplexe Probleme, die ihnen zum Beispiel der Rechtpopulismus bietet, umso verführerischer. Ich glaube wirklich, dass es vielen Polizisten, aber auch anderen Menschen, die in das rechtspopulistische Lager abdriften, gar nicht so sehr um die Ideologie geht, sondern darum, gesehen, verstanden und mit ihren Sorgen ernstgenommen zu werden.

Wir sind diejenigen, die für unsere freiheitlich-demokratischen Grundordnung einstehen. Teils mit unserem Leben. Ich habe mir nach meiner Ausbildung oft die Frage gestellt, ob ich eigentlich mein Vaterland liebe. Eine richtige Antwort auf diese Frage habe ich nicht. Meine Motivation, zur Polizei zu gehen, war sicher zum Teil eine Ego-Geschichte, sie entsprang aber auch meiner Liebe zur Gerechtigkeit und zu Menschen. Manchmal denke ich, es wäre besser, wenn es so etwas wie Ländergrenzen gar nicht geben würde. Aber sie sind nun mal da. Und daher müssen wir mit ihnen leben.

Moment – wirklich? Wenn ich an meine Ausbildung beim SEK denke, dann ging es dort im Grunde genommen permanent darum, Grenzen zu überschreiten. Wenn ich körperlich am Ende war, wenn ich dachte, ich habe meine Grenze erreicht, dann pushten mich meine Ausbilder oder gaben mir einen Kniff oder eine Möglichkeit auf den Weg, um diese gefühlte Grenze eben doch zu überschreiten. Komisch, dass es immer noch Menschen gibt – auch bei der Polizei –, die so starr an (Länder-)Grenzen festhalten wollen, dass sie darüber ihre Menschlichkeit und manchmal sogar die Regeln unserer freiheitlich-demokratischen Grundordnung vergessen. Ich selbst musste diese Erfahrung zum Glück nicht machen. Bei der großen Mehrheit der Kollegen und Kolleginnen, mit denen ich zusammenarbeitete, erlebte ich keinen falsch verstandenen Patriotismus, sondern eher den Wunsch, etwas Besonderes zu sein und etwas Besonderes zu leisten. Das ist ihre Motivation. Und dann gibt es auch Menschen, die einfach nur von der Notwendigkeit der Arbeit überzeugt sind, die Spezialeinheiten leisten.

Ich würde mir wünschen, dass die Gesellschaft und das SEK besser ins Gespräch kommen. Dass die Kommunikation offener wird. Dass die Menschen verstehen, warum wir über bestimmte Dinge nicht reden dürfen. Nicht, um etwas zu verheimlichen. Sondern um handlungsfähig zu bleiben. Um uns von Leuten, die nichts Gutes im Schilde führen, nicht in die Karten schauen lassen. Wir sind ein Teil dieser Gesellschaft und keine zwielichtige Schattenarmee, vor der man sich fürchten muss. Dazu gehört natürlich, dass Beamte, die Gesetze überschreiten, dafür zur Verantwortung gezogen werden. Dazu gehört aber auch, dass Gesetze und Vorschriften, die uns SEKies bei der Arbeit behindern, hinterfragt werden. Wir brauchen meiner Meinung nach wieder stärkere Brücken zwischen der Zivilgesellschaft und dem SEK. Es geht nur gemeinsam.

Auch wenn meine Zeit beim SEK für den Moment vorbei ist: Mir fehlen die Einsätze. Auf jeden Fall. Nicht, weil ich den Adrenalinkick vermisse. Im Gegenteil, den habe ich ohnehin nie gespürt. Mir fehlt ein anderes Gefühl. Immer wenn ich mich in Extremsituationen befinde, ob in Einsätzen oder beim Free-Solo-Klettern, habe ich das Gefühl, dass ich einfach nur in der Situation bin. In meinen Hinterkopf passieren dann nicht noch 20 000 andere Dinge, wie das im normalen Leben immer der Fall ist. Wenn ich mich mit anderen unterhalte, merke ich beispielsweise oft, dass ich gleichzeitig an fünf andere Dinge denke. Mein Kopf scheint nie wirklich still zu stehen, außer eben in diesen extremen Situationen. Ich bin dann ganz klar im Kopf, ganz präsent. Diese mentale Ruhe und den Fokus genieße ich. Die Welt dreht sich in dem Moment für mich einfach ein bisschen langsamer. Das empfinde ich als sehr angenehm. Und genau diesem Gefühl werde ich immer wieder nachjagen.

Ob mich mein Weg noch einmal zur Polizei oder zum SEK führt? Ausgeschlossen ist das nicht. Es mag merkwürdig klingen, aber ich glaube, dass ich heute sogar ein besserer SEK-Beamter wäre als früher. Meine selbstbestimmte Entscheidung, das SEK zu verlassen, hat mich freier gemacht. Freier darin, das Richtige zu tun. Ich lebe mittlerweile vollkommen ohne die Angst, ich könnte meinen Job zu verlieren und ein Niemand sein. Und genau das fühlt sich großartig an.

Wie heißt es so schön: »Du kannst nicht gegen jemanden gewinnen, der nichts zu verlieren hat.« Seit ich das gelernt habe, bin ich unbesiegbar.

Wilderness International

In Verbindung mit diesem Buchprojekt hat die Münchner Verlagsgruppe an die Stiftung Wilderness International gespendet, um ein Stück Regenwald in Kanada dauerhaft zu schützen. Über den obigen QR-Code erfahren Sie, wo genau das geschützte Gebiet liegt.

Bis 2050 will Wilderness International die letzten 2,8 Prozent noch intakter Landlebensräume unserer Erde schützen, indem sie rechtssicher mit Grundbucheintrag aufgekauft werden.

Sie wollen auch selbst aktiv werden? Dann schauen Sie auf *wilderness-international.org/kuni331-community-wald* vorbei.